Q&A

事業者・税理士の疑問を解決！

マイナンバーの本人確認

鈴木 涼介
Ryosuke Suzuki

福田 あづさ
Azusa Fukuda

清文社

はじめに

　社会保障・税番号制度（マイナンバー制度）の導入に伴い、平成28年１月以降、社会保障・税に関する申請書や申告書等の手続書類に個人番号又は法人番号の記載が必要となりました。事業者や行政機関等が、従業員や納税者などの本人から個人番号が記載された手続書類の提出を受けるときは、「行政手続における特定の個人を識別するための番号の利用等に関する法律」（以下「番号法」といいます。）に基づき、「本人確認」を行わなければなりません。
　番号法の本人確認は、その内容が複雑であり、「誰が誰に対して行うのか」、「どのような書類を利用してどのように行うのか」といった基本的なルールを理解することが容易ではありません。
　また、「税」の専門家である税理士の方は、顧問先企業である事業者や納税者などの個人番号を取り扱うことから、番号法の本人確認を理解することは業務上、必須の事項になると考えられます。
　そこで本書では、番号法の本人確認について事例を織り込みながら分かりやすく解説し、事業者や税理士などの実務者の方々が番号法の本人確認を適切に理解することを目的としています。
　なお、本書では「国税分野における番号法に基づく本人確認」（第２章）について解説していますが、社会保障や地方税等の分野における本人確認も国税庁告示がベースになっているため、各分野における本人確認事務でも参考になるものと考えられます。また、本書の後半は、税理士の方向けの解説がメインですが、そもそも事業者が行う「個人番号関係事務とは何か」という基本的な解説をはじめ、事業者や納税者と税理士との関係を含めた解説や事例も含まれていますので、事務の分野や立場にとらわれることなく、すべての方に本書全体をご一読いただきたいと思います。
　本書は、全３章により構成されています。

第1章は、番号法の本人確認の概要やそれに付随する項目を解説しており、番号法の本人確認全体における基礎知識を身につけられるようにしています。

　第2章は、国税関係手続における番号法上の本人確認について、番号法や国税庁告示で規定する本人確認書類・方法などについて、事例をお示ししながら、それぞれのポイントや留意事項などを解説しています。実務において事業者の方が、本人確認を行う必要が生じる場面は多々ありますが、相手方との関係や事業者の方の労務管理の状況などに応じて原則的な方法のほか、状況に応じた本人確認方法がありますので、どのような方法で本人確認を行うかをご検討いただく参考として、ご活用いただきたいと思います。

　第3章は、個人番号関係事務とは何かを整理した上で、税理士が顧問先企業である事業者や納税者の個人番号を取り扱う際に、番号法の本人確認がどのように関わってくるのかについて解説しています。また、後半に事例を入れることにより、実務における全体の流れで番号法の本人確認を理解できるようにしています。

　いずれにしても、マイナンバー制度はすべての国民・事業者の方が関わる制度であり、本制度が我が国の新たなインフラとして、国民の利便性や行政の効率化の向上に寄与するものとして定着するためにも、特に事業者及び税理士の方におかれては、番号法の本人確認に適切に対応いただくようご配意いただくことをお願いするとともに、本書がその一助になればと思います。

　なお、本書のうち意見にわたる部分は筆者それぞれの個人的見解にすぎず、個人情報保護委員会、国税庁の公的見解を示すものではない点にご留意ください。

平成28年10月

　　　　　　　　　　　　　　　　　　　　　　筆 者 一 同

目次

第1章　番号法に基づく本人確認の概要

1. マイナンバー制度と本人確認 …………………………………… 2
2. 番号法の本人確認の趣旨 ………………………………………… 5
3. 通知カード、個人番号カード …………………………………… 8
4. 事業者と個人番号のかかわり ………………………………… 11
5. 番号法の本人確認 ……………………………………………… 16
6. 扶養親族等の本人確認 ………………………………………… 21
7. 本人確認とその確認書類の概要（本人型）………………… 29
8. 本人確認とその確認書類の概要（代理人型）……………… 36
9. 本人確認書類（コピー）の提出 ……………………………… 42
10. 本人確認書類（コピー）の保存 ……………………………… 45
11. 分野別の本人確認 ……………………………………………… 49
12. マイナンバーカード等と一般的な本人確認 ………………… 53
13. 法人番号や死者の個人番号と本人確認 ……………………… 58
14. 本人確認の委託 ………………………………………………… 60

第2章　国税分野における番号法に基づく本人確認

1　国税関係手続におけるマイナンバー記載……………………… 66
2　国税関係手続における本人確認の義務………………………… 71
3　従業員からの扶養控除等申告書の提出に係る本人確認……… 75
4　源泉徴収票の税務署への提出に伴う本人確認書類の添付…… 78
5　扶養控除等申告書へのマイナンバーの記載が不要となる場合… 81
6　番号法上の本人確認書類等を定める国税庁告示の概要……… 83
7　対面による本人確認方法………………………………………… 84
8　郵送による本人確認方法
　　（プレ印字した書類の返送による方法）……………………… 89
9　プレ印字と番号確認書類の記載内容に差異がある場合……… 98
10　社員カードに格納されている情報の利用……………………… 101
11　「知覚」による身元確認………………………………………… 105
12　本人確認を行う部署……………………………………………… 117
13　マイナンバー収集業務の委託に伴う本人確認………………… 118
14　イメージデータによる本人確認………………………………… 122
15　ID・パスワードのログインによる本人確認………………… 125
16　扶養控除等申告書の電磁的方法による
　　提出を行う場合の本人確認……………………………………… 128
17　学生アルバイトを採用する場合の本人確認…………………… 130
18　マイナンバーの提供を拒否された場合………………………… 133
19　本人確認書類を入手できない場合……………………………… 136
20　勤務先法人が従業員の遺族代理人として
　　マイナンバーを提供することの可否…………………………… 138

第3章　税理士と本人確認

1. 個人番号関係事務と本人に関する事務 …………………………… 210
2. 個人番号を取り扱う際の税理士の位置付け ……………………… 217
3. 番号法の本人確認と税理士の対応 ………………………………… 224
4. 税務代理人に対する本人確認（税理士の場合）………………… 234
5. 税務代理人に対する本人確認（税理士法人の場合）…………… 241
6. 身元確認書類としての税理士証票と旧姓・通称名の使用……… 247
7. 事例1／所得税確定申告に関する税務代理の
   委嘱を受けた場合（納税者単独の場合）………………………… 253
8. 事例2／所得税確定申告に関する税務代理の
   委嘱を受けた場合（控除対象配偶者等を有する場合）………… 256
9. 事例3／所得税確定申告に関する税務書類の
   作成の委嘱のみを受けた場合 ……………………………………… 261
10. 事例4／相続税申告に関する税務代理の委嘱を受けた場合…… 268
11. 事例5／顧問先企業等の年末調整事務・法定調書作成事務
    に関する税務代理の委嘱を受けた場合 ………………………… 274

凡　例

本書において、カッコ内における法令等については、次の略称を使用しています。

【法令名略称】

番号法……行政手続における特定の個人を識別するための番号の利用等に関する法律（平成25年法律第27号（最終改正　平成28年法律第63号））

番号令……行政手続における特定の個人を識別するための番号の利用等に関する法律施行令（平成26年政令第155号（最終改正　平成28年政令第156号））

番号規……行政手続における特定の個人を識別するための番号の利用等に関する法律施行規則（平成26年内閣府・総務省令第3号（最終改正　平成28年内閣府・総務省令第2号））

個情法……個人情報の保護に関する法律（平成15年法律第57号（最終改正　平成28年法律第51号））

行個法……行政機関の保有する個人情報の保護に関する法律（平成15年法律第58号（最終改正　平成28年法律第51号））

独個法……独立行政法人等の保有する個人情報の保護に関する法律（平成15年法律第59号（最終改正　平成28年法律第51号））

通則法……国税通則法（昭和37年法律第66号（最終改正　平成28年法律第15号））

所法………所得税法（昭和40年法律第33号（最終改正　平成28年法律第63号））

所令………所得税法施行令（昭和40年政令第96号（最終改正　平成28年政令第245号））

所規………所得税法施行規則（昭和40年大蔵省令第11号（最終改正　平成28年総務省・財務省令第5号））

相法………相続税法（昭和25年3月31日法律第73号（最終改正　平成28年法律第15号））

相令………相続税法施行令（昭和25年3月31日政令第71号（最終改正　平成27年3月31日政令第144号））

マイナンバーガイドライン…特定個人情報の適正な取扱いに関するガイドライン（事業者編）（特定個人情報保護委員会告示第5号（最終改正　平成27年特定個人情報保護委員会告示第7号））

マイナンバーガイドラインQ＆A…「特定個人情報の適正な取扱いに関するガイドライン（事業者編）」及び「（別冊）金融業務における特定個人情報の適正な取扱いに関するガイドライン」に関するQ＆A

国税庁告示第2号…行政手続における特定の個人を識別するための番号の利用等に関する法律施行規則に基づく国税関係手続に係る個人番号利用事務実施者が適当と認める書類等を定める件（平成27年国税庁告示第2号（最終改正　平成28年国税庁告示第10号））

【記載例】

番号法17①：行政手続における特定の個人を識別するための番号の利用等に関する法律第17条第1項

番号規12①一：行政手続における特定の個人を識別するための番号の利用等に関する法律施行規則第12条第1項1号

＊本書の内容は、平成28年10月1日現在の法令等によっています。

用語の定義等

本書において使用している各用語の定義等は以下のとおりです。

個人情報	個人情報とは、生存する個人に関する情報であって、その情報に含まれる氏名、生年月日その他の記述等により特定の個人を識別することができるもの（他の情報と容易に照合することができ、それにより特定の個人を識別することができることとなるものを含みます。）をいいます（個情法2①）。
個人番号	個人番号とは、住民票コード（住民基本台帳法7条13号に規定する住民票コード。以下同じです。）を変換して得られる番号であって、その住民票コードが記載された住民票に係る者を識別するために指定されるものをいいます（番号法2⑤。狭義の個人番号）。 　番号法では、この狭義の個人番号のほか、その個人番号に対応し、代わって用いられる符号も含めて「個人番号」として、様々な保護措置の対象としています。
特定個人情報	特定個人情報とは、個人番号をその内容に含む個人情報をいいます（番号法2⑧）。ここでいう「個人番号」には、狭義の個人番号のほか、その個人番号に対応し、代わって用いられる符号も含まれます。
特定個人情報等	特定個人情報等とは、個人番号及び特定個人情報の2つをまとめた用語です。ここでいう「個人番号」には、狭義の個人番号のほか、その個人番号に対応し、代わって用いられる符号も含まれます。 　番号法などの法律用語ではありませんが、マイナンバーガイドラインで用いられている用語です。

個人情報データベース等	個人情報を含む情報の集合物であって、特定の個人情報について電子計算機を用いて検索することができるように体系的に構成したもののほか、特定の個人情報を容易に検索することができるように体系的に構成したものとして個人情報保護法施行令で定めるものをいいます（個情法2②）。
個人情報ファイル	個人情報ファイルとは、個人情報保護法2条2項に規定する個人情報データベース等であって行政機関及び独立行政法人等以外の者が保有するものをいいます（番号法2④）。 （注）　上記のほか、行政機関個人情報保護法2条4項に規定する個人情報ファイルであって行政機関が保有するもの、独立行政法人等個人情報保護法2条4項に規定する個人情報ファイルであって独立行政法人等が保有するものも含まれます。
特定個人情報ファイル	特定個人情報ファイルとは、個人番号をその内容に含む個人情報ファイルをいいます（番号法2⑨）。ここでいう「個人番号」には、狭義の個人番号のほか、その個人番号に対応し、代わって用いられる符号も含まれます。
法人番号	法人番号とは、特定の法人その他の団体を識別するための番号として指定されるものをいいます（番号法2⑮）。

第1章
番号法に基づく本人確認の概要

1 マイナンバー制度と本人確認

Q マイナンバー制度の導入により、個人情報の漏えいや個人番号の不正利用等は起きませんか。

A マイナンバー制度では、国民のそのような懸念を払拭するために制度面及びシステム面における保護措置が講じられています。例えば、個人番号の不正利用等が起きないようにするために「本人確認」措置が講じられています。

1 マイナンバー制度とは

　社会保障・税番号制度（以下、本章において「マイナンバー制度」といいます。）は、番号法[*1]に基づく制度であり、社会保障、税及び災害対策分野における行政を効率化し、国民の利便性を高め、公平・公正な社会を実現させるための社会基盤です。

[*1]　番号法とは、「行政手続における特定の個人を識別するための番号の利用等に関する法律」をいいます。

　個人には個人番号（マイナンバー）、法人等には法人番号を付すことにより、国の行政機関や地方公共団体等がそれぞれ保有する情報について、同一人の情報であることの特定が容易になります。

2 国民の懸念と本人確認

　同一人の情報であることの特定が容易になると、各機関が保有する情報の連携がスムーズに行えるようになり、社会保障給付の受給

状況や適正な所得の把握が行えるようになります。
　一方で、そのような状況になることについて、プライバシー保護の観点から、様々な懸念が示されおり、それらをまとめると、主に以下の三つに集約されます。

> ①　個人番号を用いた個人情報の追跡・名寄せ・突合が行われ、集積・集約された個人情報が外部に漏えいするのではないか。
> ②　個人番号の不正利用等（例：他人の個人番号を用いたなりすまし）により財産その他の被害を負うのではないか。
> ③　国家により個人の様々な個人情報が個人番号をキーに名寄せ・突合されて一元管理されるのではないか。

　番号法においては、このような懸念を払拭するために、制度面及びシステム面における保護措置が講じられています。本書の主たるテーマである「本人確認」と関係するのは、②の懸念です。つまり、ひとたび、自分の個人番号が他人に知られると、その他人が自分になりすまして、財産等を奪っていってしまうのではないかという懸念です。番号法では、そのようなことが起きないように、「制度面における保護措置」の一つとして「本人確認」措置が講じられています。
　なお、マイナンバー制度では、「法人番号」という仕組みも存在しますが、法人の場合は「なりすまし」や「プライバシー」等の問題は生じないことから、本人確認措置などの保護措置は講じられていません。
　したがって、本書においても、基本的に、個人番号の取扱いに焦点を絞って説明していきます。

制度面における保護措置

① 本人確認措置（個人番号の確認・身元（実存）の確認）（番号法16）
② 番号法の規定によるものを除き、特定個人情報（マイナンバーをその内容に含む個人情報）の収集・保管、特定個人情報ファイルの作成を禁止（番号法20、28）
③ 特定個人情報の取扱いに関する監督等（番号法36～38）
④ 罰則の強化（番号法51～60）
⑤ マイナポータルによる情報提供等記録の確認（番号法附則6③）

システム面における保護措置

① 個人情報を一元的に管理せずに、分散管理を実施
② 個人番号を直接用いず、符号を用いた情報連携を実施
③ アクセス制御により、アクセスできる人の制限・管理を実施
④ 通信の暗号化を実施

（出典）　内閣官房社会保障改革担当室資料を基に作成

2　番号法の本人確認の趣旨

Q 本人確認が設けられた趣旨を教えてください。

A 「なりすまし」を防止するためです。仮に個人番号が他人に知られても、その個人番号だけでは社会保障や税の手続を行うことはできず、本人に被害が及ぶことのないようにしています。

1　個人番号の機能

　個人番号は、本人を「正確」に「特定」することができる番号です。すなわち、個人番号は、市町村（特別区を含む。以下同じ）の住民票に記載されているすべての人に付番され（悉皆性）、その付番された番号は自分だけの番号であり、誰とも重複しません（唯一無二性）。また、付番された本人が死亡しても、その個人番号はそ

基本4情報（氏名、住所、生年月日、性別）
だけでは、本人か別人か特定しづらい。

難波一郎（男）
昭和○年○月○日生まれ
東京都○○区…
（個人番号：1234 5678 9123）

≠別人

難波一郎（男）
昭和○年○月○日生まれ
東京都○○区…
（個人番号：9876 5432 1234）

個人番号により
正確に個人を特定

個人番号により
正確に個人を特定

難波一郎（男）
所得金額○○万円
税額○○万円
（個人番号：1234 5678 9123）

難波一郎（男）
社会保障給付受給者
所得なし
（個人番号：9876 5432 1234）

情報の特定も容易

情報の特定も容易

の方の番号として残り続けます。

その結果、個人番号と個人情報とがヒモ付くと、その個人情報が誰の情報であるかを特定することが容易になります。

2 なりすましの防止

このような機能を有する個人番号は、主に社会保障や税の手続で利用することになりますが、その際、「この個人番号は正しいか」（番号確認）ということだけを確認して、手続を完了させてしまうのは危険です。なぜならば、「なりすまし」が行われる可能性があるからです。

個人番号を手続書類に記載して、通知カードを見せただけで手続が完了できるとなると、例えば、社会保障給付の受給資格を有する方の通知カードを盗み出し、その方になりすまして、その社会保障給付を不正に受給するということが起こるかもしれません。いくら、個人番号が「本人を正確に特定できるもの」であるとしても、「番号を提示した人＝その番号の正しい持ち主（本人）である」とは限りません。

そのため、番号法においては、なりすまし行為を防止するために、本人確認措置として、「この個人番号は正しいか」（番号確認）ということに加えて、「現に手続を行っている者が番号の正しい持ち主か」（身元確認）を行うこととしています。

3 海外における「なりすまし」被害事例

　アメリカでは、社会保障番号（Social Security Number）という9桁の番号が市民や永住者等に付番され、社会保障及び税の手続のほか、銀行の口座開設や借入、クレジットカードの作成、信用情報、犯罪歴などでも個人を識別する番号として利用されています。アメリカでは、この社会保障番号を悪用した「なりすまし」被害が多く、最近では、信用情報や犯罪歴がない未成年者の社会保障番号を悪用して、クレジットカードの審査を通過させる「なりすまし」被害が多いという報告がされています[*2]。また、年金の不正受給や税金の不正還付のほか、韓国では、不正に入手した他人の住民登録番号を悪用して、海外からオンラインゲームに登録した事例などもあるといわれています[*3]。こういった海外の事例は、番号のみにより本人確認を行っていることから発生していると考えられています[*4]。

[*2]　八山幸司「米国における個人情報保護に関する取り組みの現状」（JETRO「ニューヨーク便り」2015年9月）4頁
[*3]　内閣官房ウェブサイト（http://www.cas.go.jp/jp/seisaku/bangoseido/faq/faq5.html）よくある質問（ＦＡＱ）Ｑ5－5。
[*4]　宇賀克也『番号法の逐条解説』有斐閣75頁

　海外のこのような事例を参考に、日本のマイナンバー制度においては、仮に個人番号が他人に知られても、その個人番号だけでは社会保障や税の手続を行うことはできないこととし、本人に被害が及ぶことのないようにしているのです。

第1章　番号法に基づく本人確認の概要

3　通知カード、個人番号カード

　マイナンバー制度により発行される「カード」について、教えてください。

　本人に個人番号を通知するために送付する「通知カード」と本人の申請により交付される「個人番号カード」があります。

1　通知カード

　通知カードは、市町村長が発行するカードであり、本人に個人番号を通知するために送付するものです。通知カードは、紙製のカードであり、券面には個人番号のほか、氏名、住所、生年月日及び性別（基本4情報）が記載されており、透かし等の偽造防止技術も施されています。

【おもて面】

【うら面】

　通知カードは、番号法の本人確認の際に、12桁の個人番号が間違いないか確認するために使用します。なお、番号法の本人確認ではない、いわゆる一般的な本人確認では、通知カードを身分証明書

として使用することはできません（本章 **Q12** 参照）。

2 個人番号カード

　個人番号カード（以下、本章において「マイナンバーカード」といいます。）は、通知カードの交付を受けた人に対し、その人の申請により、交付されるものです。マイナンバーカードは、プラスチック製のICチップ付きカードで、券面には、主に、以下の事項が記載されます。

【おもて面】
　○基本４情報（氏名、住所、生年月日及び性別）
　○顔写真
　○電子証明書の有効期限の記載欄
　○セキュリティコード
　○サインパネル領域（券面の情報に修正が生じた場合、その新しい情報を記載（引越した際の新住所など））
　○臓器提供意思表示欄

【うら面】
　○個人番号
　○QRコード

　　※うら面にはICチップが付きます。ICチップには、上記のカード記載事項の他に、公的個人認証に係る電子証明書、市町村が条例で定めた事項等の限られた情報のみが記録され、地方税関係情報等の機密性の高い情報は記録されません。

【おもて面】

【うら面】

　マイナンバーカードは、これ1枚で番号法の本人確認に対応できるほか、公的な身分証明書として、いわゆる一般的な本人確認でも使用することができます（本章**Q12**参照）。交付手数料は、当面の間無料です（本人の責による再発行の場合を除きます）。なお、マイナンバーカードの発行を受けた場合、通知カードは返納することとなります。

4 事業者と個人番号のかかわり

　事業者は、どのような場面で個人番号を取り扱うのでしょうか。

　事業者は、主に社会保障及び税に関する手続書類に個人番号を記載して、行政事務を処理する者に提出します。
　具体的には、従業員、税理士、地主等の個人番号を法定調書（源泉徴収票、支払調書等）、健康保険・厚生年金保険被保険者資格取得届等に記載して、税務署や年金事務所等に提出することになります。

1 個人番号の利用範囲

　個人番号は、番号法で限定的に定められた事務でのみ利用することができます（番号法9）。それは、個人番号の利用により、個人を正確に特定することができるようになり、様々な情報とヒモ付けることが容易になる反面、その利用範囲が広範なものになると不正利用等によるプライバシー侵害の危険性が高まることとなるからです。

　したがって、番号法では、プライバシー保護の観点から、番号法で限定的に定められた「社会保障、税及び災害対策事務」でのみ個人番号を利用できるようになっています[*5]。

[*5]　このほか、地方公共団体においては、社会保障、地方税、防災に関する事務その他これらに類する事務であって地方公共団体が条例で定める事務で個人番号を利用することができます。

社会保障	税	災害対策
・年金の資格取得や確認、給付 ・雇用保険の資格取得や確認、給付 ・ハローワークの事務 ・医療保険の保険料徴収 ・福祉分野の給付、生活保護　　　　など	・税務当局に提出する確定申告書、届出書、調書などに記載 ・税務当局の内部事務 　　　　　　　　など	・被災者生活再建支援金の支給 ・被災者台帳の作成事務 　　　　　　　　など

（出典）　内閣官房社会保障改革担当室資料を基に作成

2　事業者と個人番号

　事業者は、主に社会保障及び税に関する手続書類に他人の個人番号を記載して、行政事務を処理する者に提出する等の事務を行うこととなります（番号法9③）。

　例えば、従業員、役員、パート、アルバイト等（以下、本章において「従業員等」といいます。）から個人番号の提供を受け、それを「給与所得の源泉徴収票」、「健康保険・厚生年金保険被保険者資格取得届」等に記載して、税務署、年金事務所等に提出します。

　また、税における支払調書の対象となる支払先（例：税理士、弁護士、地主・大家、講師等）に対する支払（例：顧問料、地代家賃、謝金等）があった場合には、それらの者から個人番号の提供を受け、それを支払調書に記載して税務署に提出します。

　どの書類に個人番号を記載するかは、所得税法、相続税法、租税特別措置法、健康保険法、厚生年金保険法、雇用保険法等の各行政手続に関する法令又は条例に規定されています。

　したがって、事業者は、法令又は条例の規定に従って、社会保障及び税に関する手続書類に他人の個人番号を記載して提出する等の

事務を行うこととなります。この「法令又は条例の規定により他人の個人番号を利用する事務」を「個人番号関係事務」といい、その事務を行う者を「個人番号関係事務実施者」といいます（番号法2⑪、⑬）（第3章 **Q1** 参照）。

また、個人番号関係事務の全部又は一部の委託を受けた者も「個人番号関係事務実施者」に含まれます。

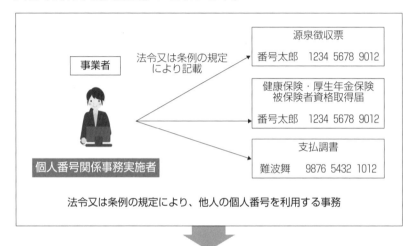

このように、事業者は、通常、「個人番号関係事務実施者」として、従業員等や支払調書の対象となる支払先の個人番号を社会保障や税の手続書類に記載して提出するという「個人番号関係事務」を行うこととなります。

3 行政機関等と個人番号

国の行政機関や地方公共団体、健康保険組合等の行政事務を処理する者は、事業者から提出された書類に記載された個人番号を、個人情報を効率的に検索・管理するために必要な限度で利用します。

行政事務を処理する者のうち個人番号を利用することができる者及び利用する具体的な事務は、番号法別表第一に規定されており、その別表に記載されている者が、その記載されている事務でのみ個人番号を利用することができます（番号法９①）。また、地方公共団体においては、社会保障、地方税、防災に関する事務その他これらに類する事務であって地方公共団体が条例で定める事務で個人番号を利用することができます（番号法９②）。

このように、行政事務を処理する者が行う事務を「個人番号利用事務」といい、その事務を行う者を「個人番号利用事務実施者」といいます（番号法２⑩、⑫）また、個人番号利用事務の全部又は一部の委託を受けた者も「個人番号利用事務実施者」に含まれます。

なお、事業者で個人番号利用事務を行う者は、以下の限られた者だけであり、一般的には、事業者が個人番号利用事務を行うことはありません。

① 健康保険組合、全国健康保険協会、国民健康保険組合、企業年金連合会等の番号法別表第一に掲げられている事業者
② 行政機関、地方公共団体等の行政事務を行う者から個人番号利用事務の全部又は一部の委託を受けた事業者

4　事業者と個人番号のかかわり

<個人番号関係事務と個人番号利用事務>

個人番号関係事務
従業員等、大家・地主、講師、税理士等の個人番号を法定調書（源泉徴収票、支払調書等）、健康保険・厚生年金保険被保険者資格取得届などに記載して、行政機関等に提出。

大家・地主、講師、税理士等

家賃、講演料、税理士報酬等の支払い

個人番号
8765…

従業員等

給与の支払い
保険料徴収

個人番号
5678…

個人番号の提示 →

事業者

個人番号関係事務実施者　委託を受けた者を含む

↓ 法定調書等の提出

個人番号利用事務
行政機関等が、社会保障、税及び災害対策に関する特定の事務において、保有している個人情報の検索、管理のために個人番号を利用。

税務署、市町村、年金事務所、健康保険組合ほか

個人番号利用事務実施者　委託を受けた者を含む

15

5 番号法の本人確認

Q 番号法の本人確認は、誰が、いつ行えばよいのですか。

A 個人番号利用事務実施者及び個人番号関係事務実施者が、本人又はその代理人から個人番号の提供を受けるときに、本人確認を行うこととなります。

1 番号法の本人確認

番号法においては、個人番号利用事務実施者及び個人番号関係事務実施者が、本人又はその代理人から個人番号の提供を受けるときは、本人確認を行うこととしています（番号法16、番号令12）。

これをパターン別にみると以下のとおりとなります。

【パターン１】
　「個人番号利用事務実施者」が「本人」から個人番号の提供を受けるとき
【パターン２】
　「個人番号利用事務実施者」が「代理人」から個人番号の提供を受けるとき
【パターン３】
　「個人番号関係事務実施者」が「本人」から個人番号の提供を受けるとき
【パターン４】
　「個人番号関係事務実施者」が「代理人」から個人番号の提供を受けるとき

このように番号法では、本人確認を行う場合を上記4つのパターンに限定しています。まず、個人番号の提供を受ける主体は、「個

人番号利用事務実施者」と「個人番号関係事務実施者」に限られます。これらの者に該当しない場合は、他人から個人番号の提供を受けても本人確認を行う必要はありません。

次に、個人番号を提供する主体は、「本人」又は「代理人」に限られます。提供を受ける主体が個人番号利用事務実施者や個人番号関係事務実施者に該当しても、提供する主体が「本人」又は「代理人」でなければ、本人確認を行う必要はありません。

以上のように、個人番号のやりとりすべてにおいて本人確認を求めているわけではなく、「限られた者」が「限られた者」から個人番号の提供を受けるときに、本人確認を行うこととなります。

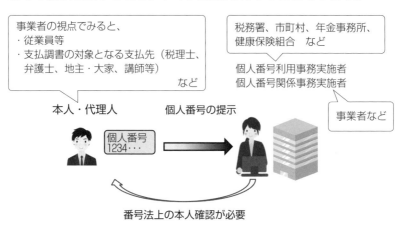

1 【パターン1・2】の場合

これらは、個人番号利用事務実施者が、本人又は代理人から個人番号の提供を受ける場合です。税務署や市町村などの行政事務を行う者は、一般的には、個人番号利用事務実施者として個人番号の提供を受けることになることから、これを根拠に、本人確認を行うこととなります。

【例示】
○納税者（本人）が、所得税確定申告書に個人番号を記載して、税務署（個人番号利用事務実施者）に提出した場合
○児童手当を請求できる者（本人）が、児童手当認定申請書に個人番号を記載して、市役所（個人番号利用事務実施者）に提出した場合
○税理士が、納税者（本人）の代理人として、所得税確定申告書に納税者の個人番号を記載して、税務署（個人番号利用事務実施者）に提出した場合
○成年後見人が、成年被後見人（本人）の代理人として、高額療養費支給申請書に成年被後見人の個人番号を記載して、市役所（個人番号利用事務実施者）に提出した場合

2 【パターン3・4】の場合

　これらは、個人番号関係事務実施者が、本人又は代理人から個人番号の提供を受ける場合です。事業者は、一般的には、個人番号関係事務実施者として個人番号の提供を受けることになることから、これを根拠に、本人確認を行うこととなります。

【例示】
○従業員（本人）が、扶養控除等申告書に自身の個人番号を記載して、事業者（個人番号関係事務実施者）に提出した場合
○報酬の支払を受けた税理士（本人）が、支払調書作成事務のために、事業者（個人番号関係事務実施者）に個人番号を提供した場合
○従業員が、国民年金第3号被保険者（本人）の代理人として、国民年金第3号被保険者資格取得届に第3号被保険者の個人番号を記載して、事業者（個人番号関係事務実施者）に提出した場合
○不動産仲介業者が、大家（本人）の代理人として、支払調書作成事務のために、事業者（個人番号関係事務実施者）に個人番号を提供した場合

2 本人確認を行う必要がない場合

上記1のとおり、本人確認を行う場面は限定されています。例えば、従業員等が、扶養控除等申告書に扶養親族の個人番号を記載して事業者（個人番号関係事務実施者）に提出する行為は、従業員等が「個人番号関係事務実施者」として行うものです。そのため、そのような場合は、「個人番号関係事務実施者から個人番号関係事務実施者への個人番号の提供」であることから、事業者（個人番号関係事務実施者）は、その従業員等（個人番号関係事務実施者）からその扶養親族の個人番号の提供を受けても、扶養親族（本人）に対して本人確認を行う必要はありません（本章**Q6**参照）。

また、本人が、その代理人に自らの個人番号を提供するときも、「本人から代理人への個人番号の提供」であることから、代理人は本人に対して本人確認を行う必要はありません。

＜本人確認有無一覧表＞　　　　　　　　　　　　○＝必要 ×＝不要

提供する側 ＼ 提供受ける側	本人	代理人	個人番号関係事務実施者	個人番号利用事務実施者
本人	－	×	○	○
代理人	×	×	○	○
個人番号関係事務実施者	×	×	×	×
個人番号利用事務実施者	×	×	×	×

3 本人確認を行う時期

本人確認は、「個人番号の提供を受けるとき」に行うこととなります。初めて個人番号の提供を受けるときだけではなく、同一人か

ら2回、3回と個人番号の提供を受けるときにも、その都度、本人確認を行う必要があります。ただし、2回目以降の個人番号の提供について、本人確認における書類の提示等を受けることが困難であると認められる場合は、特定個人情報ファイル[*6]による番号確認や身元確認における書類の提示等の省略といった本人確認の軽減措置があります（第2章参照）。

　　[*6]　特定個人情報ファイルとは、個人番号をその内容に含む個人情報ファイルをいいます（番号法2⑨）。個人情報ファイルとは、検索性があり体系的に構成されている個人情報の集合物をいい、例えば、パソコン等の電子計算機に保存されているデータベースで個人情報を容易に検索できるもの、紙の書類等をファイルで保管している場合で目次やインデックス等で個人情報を容易に検索できるものなどをいいます（個情法2②、行個法2④、独個法2④）。

6　扶養親族等の本人確認

Q　事業者は、従業員の配偶者や扶養親族の本人確認を行う必要がありますか。

A　扶養親族等に対する本人確認は、「各制度の中で扶養親族等の個人番号の提供が、誰に義務づけられているのか」によって取扱いが異なります。

　事業者は、個人番号関係事務実施者として、従業員等の配偶者や扶養親族（以下、本章において「扶養親族等」といいます。）の個人番号も取り扱うこととなります。この場合、その扶養親族等に対する本人確認を、誰が行うのかが問題となります。

　結論としては、扶養親族等に対する本人確認は、「各制度の中で扶養親族等の個人番号の提供が、誰に義務づけられているのか」によって取扱いが異なることとなります。

　既に解説したとおり、番号法の本人確認は、「限られた者」が「限られた者」から個人番号の提供を受けるときに行うものです（本章 **Q5** 参照）。

　すなわち、次の場合であるときに本人確認を行うこととなります。

① 個人番号の提供を受ける主体が
　⇒個人番号利用事務実施者又は個人番号関係事務実施者
② 個人番号を提供する主体が
　⇒本人又は代理人

事業者が、従業員等の扶養親族等の個人番号を取り扱うのは、「個人番号関係事務実施者」の立場で取り扱うものであることから、「個人番号の提供を受ける主体」としての要件（①）は満たすことになります。そのため、事業者に対して「扶養親族等の個人番号を提供する主体」（提供が義務付けられている者）が誰なのかによって、事業者が扶養親族等に本人確認を行う必要があるのか否かが決まるということになります。

1 個人番号を提供する主体が「従業員等」の場合

社会保障及び税に関する制度の大半は、扶養親族等の個人番号について、「従業員等」にその提供を義務付けています。例えば、扶養控除等申告書は、所得税法194条1項の規定に基づき、従業員等が扶養親族等の個人番号を記載して事業者に提出することとなっています[*7]。また、健康保険被扶養者（異動）届についても、健康保険法施行規則38条1項の規定に基づき、従業員等が扶養親族等の個人番号を記載して事業者に提出することとなっています[*8]。

[*7] 扶養控除等申告書は、事業者に受理されたときは、その受理された日に税務署長に提出されたものとみなされ（所法198）、税務署長がその提出を求めるまでの間、その事業者が7年間保存することとなります（所規76の3）。

[*8] 提出を受けた事業者は、それを日本年金機構等に提出します。

このように、所得税法や健康保険法などの法令又は条例の規定に基づいて、従業員等に扶養親族等の個人番号の提供を義務付けている場合、その従業員等は「個人番号関係事務実施者」に該当することとなります。そのため、事業者（個人番号関係事務実施者）が、従業員等（個人番号関係事務実施者）から扶養親族等（本人）の個人番号の提供を受けても、「個人番号関係事務実施者から個人番号関係事務実施者への個人番号の提供」であることから、事業者は扶養親族等に対して本人確認を行う必要はないということになりま

す。

　この場合、従業員等（個人番号関係事務実施者）が、扶養親族等（本人）から個人番号の提供を受けるときに、扶養親族等（本人）に対して本人確認を行うこととなります。

　なお、事業者（個人番号関係事務実施者）は、従業員等（本人）の個人番号の提供を受けるときは、その従業員等に対して本人確認を行う必要があります。

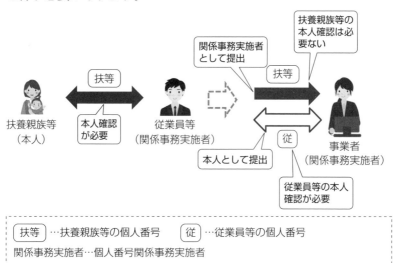

2　個人番号を提供する主体が「扶養親族等本人」の場合

　扶養親族等の個人番号について、「扶養親族等本人」に提出を義務付けている制度としては、国民年金第3号被保険者に関する届出が挙げられます。この届出は、第3号被保険者に該当する被扶養配偶者が、国民年金法15条5項及び6項等の規定に基づき、自身の個人番号を記載して従業員等（第2号被保険者）を使用する事業者に提出することとなっています[*9]。

＊9　提出を受けた事業者は、それを日本年金機構等に提出します。

したがって、事業者（個人番号関係事務実施者）は、扶養親族等（本人）から個人番号の提供を受けることになることから、扶養親族等（本人）に対して、本人確認を行うこととなります。

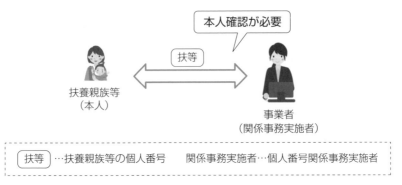

3 事業者における扶養親族等の本人確認

上記2のとおり、扶養親族等の個人番号の提供を「扶養親族等本人」に義務付けている場合は、その個人番号の提供を受ける事業者は、扶養親族等（本人）に本人確認を行うこととなります。しかしながら、事業者が、従業員等の扶養親族等に対して、直接本人確認を行うことは困難な場合が多く、また、実務上、事業者に扶養親族等の個人番号が記載された書類を提出するのは従業員等であることが多いと考えられます。

したがって、以下のいずれかの方法で対応するのが一般的であると考えられます。

1 従業員等が扶養親族等の代理人となる場合

実務上の書類の流れや事業者と従業員等との関係を考慮すると、

従業員等が扶養親族等の「代理人」となる場合が多いと考えられます。この場合、事業者（個人番号関係事務実施者）は、従業員等（代理人）から扶養親族等（本人）の個人番号の提供を受けるときに、従業員等（代理人）に対して本人確認を行うこととなります。代理人に対する本人確認は、本人に対する本人確認とは異なり、委任状等の提出が必要となりますので留意が必要です（本章**Q8**参照）。

なお、従業員等（代理人）は、扶養親族等（本人）から個人番号の提供を受けても本人確認を行う必要はありません（本章**Q5**）。

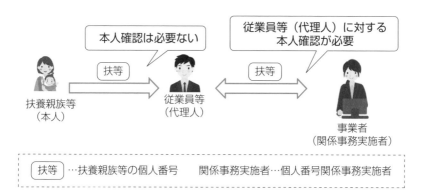

2　従業員等に本人確認の委託をする場合

事業者は、本人確認事務の委託をすることができる（本章**Q14**参照）ことから、従業員等に扶養親族等に対する本人確認を委託することが考えられます。個人番号関係事務実施者から個人番号関係事務の委託を受けた者も「個人番号関係事務実施者」に該当することとなります。したがって、本人確認事務の委託を受けた従業員等は、個人番号関係事務実施者として、扶養親族等（本人）から個人番号の提供を受けるときに、扶養親族等（本人）に対して本人確認を行うこととなります。

本人確認事務の委託を行う場合は、事業者は委託先である従業員等に対して必要かつ適切な監督を行わなければなりません（マイナンバーガイドライン第4－2－(1)）。また、委託を受けた従業員等は、本人確認事務を行うに当たって、特定個人情報（個人番号をその内容に含む個人情報をいいます。以下同じです。）の安全管理措置を講ずる必要があります。ただし、従業員等に対する本人確認事務の委託は、その事務の範囲が限定的であることから、監督義務や安全管理措置の内容についても、限定的な内容になると考えられます。

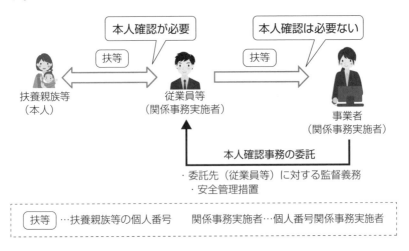

3　従業員等を本人確認事務の事務取扱担当者にする場合

　事業者は、個人番号関係事務を行うに当たって、個人番号及び特定個人情報（以下、本章において「特定個人情報等」といいます。）を取り扱う事務に従事する従業者（以下、本章において「事務取扱担当者」といいます。）を明確にする必要があります（マイナンバーガイドライン（別添）安全管理措置①C）。

　そこで、従業員等に扶養親族等（本人）に対する本人確認事務を

行わせる方法として、事業者が行うべき本人確認事務の「事務取扱担当者」にその従業員等を指名する方法が考えられます。この場合、従業員等は委託先ではないので、事業者には「委託先に対する監督義務」は発生しません。しかし、事業者は、自らが行うべき安全管理措置の一環として、その従業員等を教育・監督する等の措置を講ずる必要があります。また、従業員等自身も、事業者が定めた特定個人情報等の取扱規程等に従う等の対応が必要となります[*10]。

*10 本人確認事務も含めて一切の個人番号関係事務を行うことがない従業員等においても、「特定個人情報等を取り扱うことができない」という意味で、事業者が定めた取扱規程等に従う必要があります。

ただし、この方法は、特定個人情報等を取り扱う事務取扱担当者の範囲が不明確になる恐れがあります。例えば、国民年金第3号被保険者に関する届出を処理するためだけに、わざわざ該当する従業員等を事務取扱担当者に指名する等の作業を行うと、毎年のように事務取扱担当者の範囲が変わることとなり、誰が特定個人情報等を取り扱うことができる者なのかが不明確になる可能性があります。そのため、そのようなことがないように、該当する従業員等は、その国民年金第3号被保険者の本人確認事務でのみ特定個人情報等を取り扱えるということを明確にし、その本人確認事務が終了したら事務取扱担当者から速やかに除外する等、適切な安全管理措置を講ずる必要があります。

第1章　番号法に基づく本人確認の概要

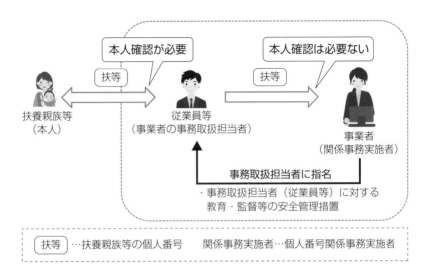

7 本人確認とその確認書類の概要（本人型）

Q 本人に対する本人確認を行う場合、どのような書類を確認すればよいですか。

A 「番号確認書類」と「身元確認書類」を確認する必要があります。

1 本人確認の構成

　番号法の本人確認は、①12桁の個人番号が間違いないかどうか（個人番号の真正性）を確認する「番号確認」と、②現に手続を行っている者が番号の正しい持ち主であることを確認する「身元確認」とで構成されています。

　したがって、それらを確認するために、以下の書類の提示又は提出を受ける必要があります（番号法16、番号令12①、番号規1～4、11）（以下、本章において、本人確認の際に提示又は提出を受ける書類を総称して「本人確認書類」といいます。）。

① 番号確認書類
② 身元確認書類

＜本人確認書類＞

| 番号確認書類 | ＋ | 身元確認書類 |

　これらの確認は、「本人から個人番号の提供を受ける場合」（本人型）と「代理人から個人番号の提供を受ける場合」（代理人型）と

で確認すべき書類は異なってきます。ここでは、本人型の概要を説明します（代理人型は本章 **Q8** 参照。各書類の詳細や具体例については第2章を参照してください。）。

2 本人確認書類の概要

1 マイナンバーカードがある場合

「マイナンバーカード」があれば、それ1枚で「番号確認書類」及び「身元確認書類」になるため、マイナンバーカード（表面・裏面）の提示又は提出を受けて確認すればよいこととなります（番号法16）。

つまり、マイナンバーカード（裏面）で番号確認を行い、マイナンバー（表面）の顔写真で身元確認を行うこととなります。

【マイナンバーカード】

表面

裏面

2 通知カードがある場合

マイナンバーカードを持っていない場合には、「番号確認」は「通知カード」で行うことができますので、「番号確認書類」として通知カードの提示又は提出を受けて確認することになります（番号法16）。

一方、通知カードは、顔写真等が記載されておらず身元確認を行うことができないことから、別途、「身元確認書類」として、運転免許証、運転経歴証明書、パスポート、在留カード、特別永住者証明書等その他一定の書類の提示又は提出を受けて確認する必要があります（番号法16、番号規1①一、二）。これらの書類の提示又は提出を受けることが困難であると認められる場合は、健康保険被保険者証、年金手帳等の2つ以上の書類や「個人番号利用事務実施者が適当と認めるもの」の提示又は提出を受けて確認する必要があります（番号規1①三）（詳細は第2章参照）。

　このように、通知カードで番号確認を行う場合には、身元確認書類として別の書類が必要になるわけですが、番号確認と身元確認とを別々の書類で行う場合には、身元確認書類に記載されている氏名及び生年月日又は住所（以下「個人識別事項」といいます。）が、番号確認書類に記載されている個人識別事項と一致（「氏名及び生年月日」の一致又は「氏名及び住所」の一致）しているか確認する必要がありますのでご注意ください。

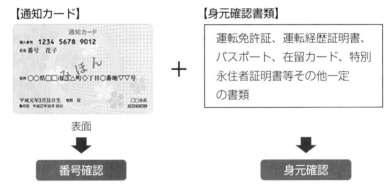

3　マイナンバーカードも通知カードもない場合

　マイナンバーカードと通知カードの両方がない場合には、「番号確認書類」と「身元確認書類」との両方の提示又は提出を受けて確

認することとなります（番号法16、番号令12①、番号規2）。

「番号確認書類」としては、個人番号が記載された住民票の写し又は住民票記載事項証明書が該当します（番号令12①一）。これらの書類の提示又は提出を受けることが困難であると認められる場合には、過去に本人確認の上、作成された特定個人情報ファイルに記録されている個人番号及び個人識別事項との照合や「個人番号利用事務実施者が適当と認めるもの」の提示又は提出を受けて確認する必要があります（番号規3①）（詳細は第2章参照）。

「身元確認書類」としては、運転免許証、運転経歴証明書、パスポート、在留カード、特別永住者証明書等その他一定の書類が該当することから、それらの提示又は提出を受けて確認する必要があります（番号令12①二、番号規2）。これらの書類の提示又は提出を受けることが困難であると認められる場合は、健康保険被保険者証、年金手帳等の2つ以上の書類や「個人番号利用事務実施者が適当と認めるもの」の提示又は提出を受けて確認する必要があります（番号規3②）（詳細は第2章参照）。

この場合も、上記 2 と同様に、番号確認と身元確認とを別々の書類で行うこととなるため、身元確認書類に記載されている個人識別事項が、番号確認書類に記載されている個人識別事項と一致しているか確認する必要がありますのでご注意ください。

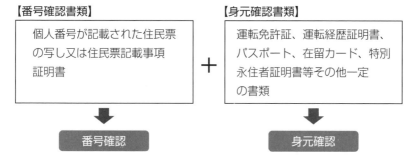

3 本人確認の軽減措置

　本人確認は、「個人番号の提供を受けるとき」に行うこととなっていることから、個人番号の提供を受ける都度、「番号確認」も「身元確認」も行う必要があります。

　これについて、以下のような軽減措置が認められています。

　「番号確認」については、個人番号の提供が2回目以降の提供であって、マイナンバーカードや通知カード等の番号確認書類の提示又は提出を受けることが困難であると認められる場合には、過去に本人確認の上、作成された特定個人情報ファイルに記録されている個人番号及び個人識別事項との照合をすることで番号確認を行ったこととすることができます（番号規3①五）。

　「身元確認」については、雇用関係にあることなどから本人に相違ないことが明らかに判断できると個人番号利用事務実施者が認めるときは、身元確認書類の提示又は提出を受けることを省略することができます（番号規3⑤）（詳細は第2章参照）。

<本人型の本人確認概要まとめ>

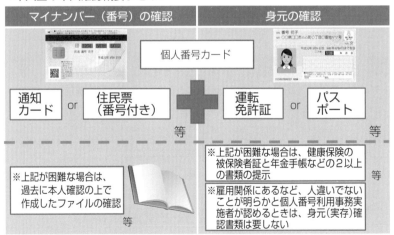

（出典）　内閣官房社会保障改革担当室資料を基に作成

第1章　番号法に基づく本人確認の概要

4 オンラインで個人番号の提供を受ける場合

　個人番号利用事務実施者又は個人番号関係事務実施者は、オンラインで本人から個人番号の提供を受ける場合、次の措置を講ずることにより、本人確認を行うこととなります（番号規4）。

＜オンラインの場合＞

番号確認	①	個人番号カード（ICチップの読み取り）【番号規4一】
	②	以下のいずれかの措置
	ア	地方公共団体情報システム機構への確認（個人番号利用事務実施者）【番号規4二イ】
	イ	住民基本台帳の確認（市町村長）【番号規4二イ】
	ウ	過去に本人確認の上、特定個人情報ファイルを作成している場合には、当該特定個人情報ファイルの確認【番号規4二イ】
	エ	官公署若しくは個人番号利用事務実施者・個人番号関係事務実施者から発行・発給された書類その他これに類する書類であって個人番号利用事務実施者が適当と認める書類（ⅰ個人番号、ⅱ氏名、ⅲ生年月日又は住所、が記載されているもの）若しくはその写しの提出又は当該書類に係る電磁的記録の送信【番号規4二ロ】
	※	通知カードの写しを別途郵送・PDFファイルの添付送信などを想定。
身元（実在）確認	①	個人番号カード（ICチップの読み取り）【番号規4一】
	②	公的個人認証による電子署名【番号規4二ハ】
	③	個人番号利用事務実施者が適当と認める方法【番号規4二ニ】
	※	民間発行の電子署名、個人番号利用事務実施者によるID・PWの発行などを想定。

（出典）　内閣官房社会保障改革担当室資料を基に作成

5 電話で個人番号の提供を受ける場合

　すでに一度、本人確認を行って特定個人情報ファイルを作成して

いる場合で、個人番号利用事務又は個人番号関係事務を処理するにあたって、その特定個人情報ファイルに記録されている個人番号その他の事項を確認するために電話により本人から個人番号の提供を受けるときは、身元確認書類の提示を受けることに代えて、本人しか知り得ない事項その他の「個人番号利用事務実施者が適当と認める事項」の申告を受けることにより、身元確認を行うこととなります（番号規3④）（詳細は第2章参照）。

　電話で個人番号の提供を受ける場合の「番号確認」及び「身元確認」の概要は次のとおりです。

＜電話（注）の場合＞

番号確認	① 過去に本人確認の上作成している特定個人情報ファイルの確認【番号規3①三】 ② 地方公共団体情報システム機構への確認（個人番号利用事務実施者）【番号規3①一】 ③ 住民基本台帳の確認（市町村長）【番号規3①二】
身元（実在）確認	○ 本人しか知り得ない事項その他の個人番号利用事務実施者が適当と認める事項の申告【番号規3④】 ※ 基礎年金番号などの固有の番号、給付の受取先金融機関名等の複数聴取などを想定。

（注）　本人確認の上特定個人情報ファイルを作成している場合であって、個人番号利用事務・個人番号関係事務にあたって電話で個人番号の提供を受け、当該ファイルにおいて個人情報を検索、管理する場合に限る。
（出典）　内閣官房社会保障改革担当室資料を基に作成

8 本人確認とその確認書類の概要(代理人型)

Q 代理人に対する本人確認を行う場合、どのような書類を確認すればよいですか。

A 「代理権確認書類」、「代理人の身元確認書類」、「本人の番号確認書類」を確認する必要があります。

1 本人確認の構成

「代理人から個人番号の提供を受ける場合」(代理人型)の本人確認は、①本人の代理人で間違いないかどうかを確認する「代理権確認」と、②現に手続を行っている者が番号の正しい持ち主の代理人であることを確認する「代理人の身元確認」、③12桁の個人番号が間違いないかどうかを確認する「本人の番号確認」とで構成されています。

したがって、それらを確認するために、以下の書類の提示又は提出を受ける必要があります(番号令12②、番号規6～11)(各書類の詳細や具体例については第2章を参照してください。)。

① 代理権確認書類
② 代理人の身元確認書類
③ 本人の番号確認書類

| 代理権確認書類 | ＋ | 代理人の身元確認書類 | ＋ | 本人の番号確認書類 |

1　代理権確認書類

　本人の代理人であることを確認するために、以下の代理権確認書類の提示又は提出を受ける必要があります（番号令12②一、番号規6①一、二）。

区　　　　分	書　　　　類
法定代理人の場合	戸籍謄本その他その資格を証明する書類
法定代理人以外の場合	委任状

　上記の書類の提示又は提出を受けることが困難であると認められる場合には、「個人番号利用事務実施者が適当と認める書類」の提示又は提出を受けて確認する必要があります（番号規6①三）（詳細は第2章参照）。

　代理人が法人であるときは、上記のいずれかの書類であって、その法人の商号又は名称及び本店又は主たる事務所の所在地が記載されたものの提示又は提出を受けなければなりません（番号規6②）。

2　代理人の身元確認書類

　代理人の身元を確認するために、代理人に係るマイナンバーカード、運転免許証等その他一定の身元確認書類の提示又は提出を受ける必要があります（番号令12②二、番号規7①）。

　また、これらの書類の提示又は提出を受けることが困難であると認められる場合は、健康保険被保険者証、年金手帳等の2つ以上の書類や「個人番号利用事務実施者が適当と認めるもの」の提示又は提出を受けて確認する必要があります（番号規9①）（詳細は第2章参照）。

　代理人が法人であるときは、上記の書類に代えて、登記事項証明書その他の官公署から発行され、又は発給された書類及び現に個人番号の提供を行う者と当該法人との関係を証する書類その他これら

に類する書類であって「個人番号利用事務実施者が適当と認めるもの」(当該法人の商号又は名称及び本店又は主たる事務所の所在地の記載があるものに限る。)の提示又は提出を受けなければなりません(番号規7②)(詳細は第2章参照)。

なお、「代理権確認書類」と「代理人の身元確認書類」とにそれぞれ記載されている代理人の個人識別事項(代理人が法人の場合は、当該法人の商号又は名称及び本店又は主たる事務所の所在地)が一致しているか確認する必要がありますのでご注意ください。

3 本人の番号確認書類

本人の個人番号を確認するために、本人に係るマイナンバーカード、通知カード、個人番号が記載された住民票の写し等その他一定の番号確認書類(その写しを含みます。)の提示又は提出を受ける必要があります(番号令12②三、番号規8)。上記の書類の提示又は提出を受けることが困難であると認められる場合には、本人に対する本人確認と同様に一定の措置をとらなければなりません(番号規9⑤)(本章 **Q7** 2 ③の「番号確認書類」参照)(詳細は第2章参照)。

2 本人確認の軽減措置

代理人の身元確認書類及び本人の番号確認書類についても、本人に対する本人確認の軽減措置と同様の措置が認められています(番号規9④、⑤五)(本章 **Q7** 3参照)(詳細は第2章参照)。

<代理人型の本人確認概要まとめ>

代理権確認書類	代理人の身元確認書類	本人の番号確認書類
(法定代理) **戸籍謄本等**	代理人に係る**マイナンバーカード、運転免許証**等	本人に係る**マイナンバーカード**又はそのコピー
(法定代理以外) **委任状**		
上記が困難な場合は、代理権を証明するものとして「個人番号利用事務実施者が適当と認める書類」の提示	上記が困難な場合は、健康保険証と年金手帳などの2以上の書類の提示	本人に係る**通知カード**又はそのコピー
		本人に係る**住民票の写し等**又はそのコピー 等
※代理人が法人の場合は、上記の書類であって、その法人の商号・名称及び本店等の所在地が記載されたものの提示	雇用関係にあるなど、人違いでないことが明らかと個人番号利用事務実施者が認めるときは、身元確認書類は要しない 等	上記が困難な場合は、過去に本人確認の上で作成したファイルの確認 等
	※代理人が法人の場合は、上記の書類に変えて、登記事項証明書等及び現に個人番号の提供を行う者とその法人との関係を証する書類等(社員証等)	

3 オンラインで個人番号の提供を受ける場合

　個人番号利用事務実施者又は個人番号関係事務実施者は、オンラインで代理人から個人番号の提供を受ける場合、次の措置を講ずることにより、本人確認を行うこととなります（番号規10）。

<オンラインの場合>

代理権の確認	○	本人及び代理人のⅰ氏名、ⅱ生年月日又は住所、並びに代理権を証明する情報の送信を受けることその他の個人番号利用事務実施者が適当と認める方法【番号規10一】 ※　電子的に作成された委任状、代理人の事前登録などを想定。
代理人の身元（実在）確認	○	代理人の公的個人認証による電子署名の送信を受けることその他の個人番号利用事務実施者が適当と認める方法【番号規10二】 ※　公的公人認証による電子署名のほか民間による電子署名、個人番号利用事務実施者によるＩＤ・ＰＷの発行などを想定。
本人の番号確認	①	地方公共団体情報システム機構への確認（個人番号利用事務実施者）【番号規10三イ】
	②	住民基本台帳の確認（市町村長）【番号規10三イ】
	③	過去に本人確認の上特定個人情報ファイルを作成している場合には、当該特定個人情報ファイルの確認【番号規10三イ】
	④	官公署若しくは個人番号利用事務実施者・個人番号関係事務実施者から発行・発給された書類その他これに類する書類であって個人番号利用事務実施者が適当と認める書類（ⅰ個人番号、ⅱ氏名、ⅲ生年月日又は住所、が記載されているもの）若しくはその写し又は当該書類に係る電磁的記録の送信【番号規10三ロ】 ※　個人番号カード、通知カードの写しを別途送付・ＰＤＦファイルの添付送信などを想定。

（出典）　内閣官房社会保障改革担当室資料を基に作成

4 電話で個人番号の提供を受ける場合

　すでに一度、本人確認を行って特定個人情報ファイルを作成している場合で、個人番号利用事務又は個人番号関係事務を処理するにあたって、その特定個人情報ファイルに記録されている個人番号その他の事項を確認するために電話により本人の代理人から個人番号の提供を受けるときは、代理権確認書類又は代理人の身元確認書類の提示を受けることに代えて、本人及び代理人しか知り得ない事項

その他の「個人番号利用事務実施者が適当と認める事項」の申告を受けることにより、代理人の代理権確認又は身元確認を行うこととなります（番号規9③）（詳細は第2章参照）。

電話で個人番号の提供を受ける場合の「代理権確認」、「代理人の身元確認」及び「番号確認」の概要は次のとおりです。

＜電話（注）の場合＞

代理権の確認	○ 本人及び代理人しか知り得ない事項その他の個人番号利用事務実施者が適当と認める事項の申告【番号規9③】
代理人の身元（実在）確認	※ 本人と代理人との関係、基礎年金番号などの固有の番号、給付の受取先金融機関名等の複数聴取などを想定。
本人の番号確認	① 過去に本人確認の上作成している特定個人情報ファイルの確認【番号規9⑤三】 ② 地方公共団体情報システム機構への確認（個人番号利用事務実施者）【番号規9⑤一】 ③ 住民基本台帳の確認（市町村長）【番号規9⑤二】

（注） 本人確認の上特定個人情報ファイルを作成している場合であって、個人番号利用事務・個人番号関係事務にあたって電話で個人番号の提供を受け、当該ファイルにおいて個人情報を検索、管理する場合に限る。
（出典） 内閣官房社会保障改革担当室資料を基に作成

9　本人確認書類（コピー）の提出

Q 本人確認書類は、必ずコピーの「提出」を受けないといけませんか。

A 本人確認を行う方法によって異なります。例えば、対面で行う場合は、本人確認書類（現物）の「提示」を受けることが原則です。郵送で行う場合は、本人確認書類（コピー）の「提出」を受けることになります。

　番号法の本人確認は、本人確認書類の提示又は提出（オンラインの場合はデータの送信）を受ける必要がありますが、「提示」又は「提出」のいずれが必要であるかは、本人確認を行う方法によって異なります。

1　対面で行う場合

　番号法では、対面で本人確認を行う場合は、本人確認書類（現物）の「提示」を受けることとされています（番号法16、番号令12等）。

　したがって、対面で本人確認を行う場合は、本人確認書類（現物）の「提示」を受ければよく、本人確認書類のコピーの提出を求める必要はありません。

9 本人確認書類（コピー）の提出

＜対面の場合＞

本人　⇔　事業者等

※本人確認書類（現物）の「提示」が原則です。

2 書面の送付を受けて行う場合

番号法では、書面の送付（郵送等）を受けて本人確認を行う場合は、本人確認書類（現物又はコピー）の「提出」を受けることとされています（番号規11①）。

したがって、書面の送付で本人確認を行う場合は、本人確認書類（現物又はコピー）の「提出」を受ける必要があります。

ただし、本人確認書類の「現物」は、本来、所有者である本人が大切に保管しておくものであることに鑑みると、本人確認書類の「現物」の送付を求めることは避け、「コピー」の送付を求める方が望ましいと考えられます。

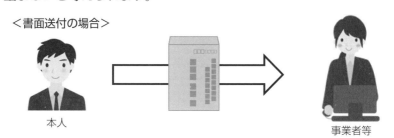

＜書面送付の場合＞

本人　→　事業者等

※本人確認書類（コピー）の「提出」が必要です。

3 オンラインで行う場合

　オンラインで本人確認を行う場合は、基本的には、本人確認を行うための「データ送信」を受けたり、事業者側で過去に本人確認の上、作成された特定個人情報ファイルを確認したりといった措置を講ずることとなりますが、「番号確認」については、個人番号利用事務実施者が適当と認める本人確認書類（現物又はコピー）の提出を受けることも認められています（番号規4二ロ、10三ロ）。事務の効率化、簡便化等を図るためにオンラインで事務手続を行っていることに鑑みると、本人確認書類（現物又はコピー）の提出を求めることは多くないと考えられますが、求める場合には、上記2と同様に、コピーの送付を求める方が望ましいと考えられます。

10　本人確認書類（コピー）の保存

Q 本人確認書類のコピーが提出された場合には、それを保存しておく必要がありますか。

A 本人確認書類のコピーを保存すべき法令上の義務はありません。

1　本人確認書類のコピーの保存

　書面の送付を受けて本人確認を行う場合には、本人確認書類のコピーの「提出」を受けることになりますが、その提出を受けた本人確認書類のコピーを保存すべき法令上の義務はありません。

　したがって、本人確認のための必要な事務を終えた後に、本人確認書類のコピーが不要となった場合には、それを廃棄しても問題ありません。

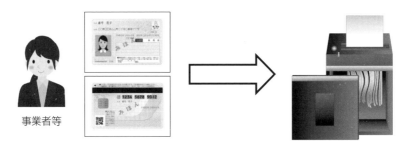

　一方で、どの書類で本人確認を行ったのかという「記録」として、本人確認書類のコピーを保存しておきたいという場合もあると

考えられます。このように、本人確認の記録として、本人確認書類のコピーを保存することは可能ですが、その場合には、特定個人情報等の漏えい、滅失又は毀損の防止等、特定個人情報等の管理のために必要かつ適切な安全管理措置を講ずる必要があります（マイナンバーガイドラインＱ＆Ａ〔Ｑ６−２〕）。

なお、本人確認書類のコピーを廃棄する場合には、焼却又は溶解等の復元不可能な手段で廃棄するほか、復元不可能な程度に細断できるシュレッダー等により廃棄する必要があります（マイナンバーガイドライン（別添）安全管理措置②Ｅｄ、マイナンバーガイドラインＱ＆Ａ〔Ｑ15−3〕）。

2 本人確認を行ったことの記録

番号法においては、本人確認を行うことは義務付けていますが、本人確認を行ったことの記録を残すことや本人確認書類のコピーを保存することについては、法令上義務付けていません。したがって、本人確認が適法に行われていればよく、記録を残したり、書類を保存したりする必要はありません。

一方で、事業者においては、法令遵守を明確にするために、本人確認を行ったことの記録として、本人確認書類のコピーを保存しておきたいというニーズが多いところです。上記１のように、本人確認書類のコピーを保存すること自体は、安全管理措置を講ずれば可能ですが、事業者にとって負担が大きいと考えられ、また、法令上保存義務のない書類について事業者が一定期間保存し続けるのは、本人と事業者との間におけるトラブルの原因にもなると考えられます。

そのため、本人確認を行ったことの記録を残したい場合には、本人確認書類のコピーを保存するのではなく、チェックシート等で記

録を残す方法を採用した方がよいと考えられます。

> 【例】本人確認書類チェックシート
> 番号確認：□マイナンバーカード（裏面）
> 　　　　　□通知カード
> 　　　　　□住民票の写し又は住民票記載事項証明書
> 身元確認：□マイナンバーカード（表面）
> 　　　　　□運転免許証
> 　　　　　□パスポート　など

　なお、12桁の個人番号が正しいかどうかの「番号確認」は「番号確認書類」で行うことになりますが、その確認を行った後に番号確認書類を廃棄したとしても、個人番号の「チェックデジット機能」を活用することにより、「保有している12桁の個人番号は正しいものである」ということを一定程度担保することができます。

　すなわち、個人番号は、12桁の数字ですが、その構成としては、11桁の番号及び1桁のチェックデジット（検査用数字）[11]となります。チェックデジットは、数字等の偽造や入力誤り等を検出するために付加される数字等をいいます。そして、市販の給与ソフト等においては、個人番号の誤入力を防ぐために、このチェックデジット機能を搭載しているものが多いです。そのため、番号確認書類により、12桁の個人番号が間違っていないかどうかを確認した後、給与ソフト等にその個人番号を入力した際に、チェックデジット機能でエラーが生じていなければ、番号確認書類で確認した正しい12桁の個人番号が正しく給与ソフト等に入力されたといえます。

*11　個人番号を電子計算機に入力するときに誤りのないことを確認することを目的として、その11桁の番号を基礎として総務省令で定める算式により算出される0から9までの整数をいいます（番号令8）。

　これにより、番号確認書類を廃棄したとしても、「保有している12桁の個人番号は正しいものである」ということがいえます（本人確認における「番号確認」は、あくまでも、本人が提示又は提出

した12桁の個人番号が間違いないかどうかをマイナンバーカードや通知カード等の「番号確認書類」で確認する必要があります。チェックデジット機能によりエラーが生じていないことをもって「番号確認をした」とすることはできません。)。

11 分野別の本人確認

 個人番号の提供を受ける事務が、社会保障分野に係る事務の場合と税分野に係る事務の場合とで、番号法の本人確認は異なる取扱いとなりますか。

 番号法の本人確認は、基本的には、どの分野に係る事務を行う場合であっても同様の取扱いとなります。

1 番号法の本人確認と国税分野の取扱い

　番号法の本人確認は、番号法、同法施行令及び施行規則において、どのような本人確認書類の提示等を受ければよいかが具体的に規定されており、基本的には、社会保障分野に係る事務であれ、税分野に係る事務であれ、同様の取扱いとなっています。
　ただし、番号法施行規則の規定では、番号法等で決められた本人確認書類について提示等を受けることが困難と認められる場合等に限り、「個人番号利用事務実施者が適当と認める書類等」の提示等を受ければよいという規定が設けられています。
　この「個人番号利用事務実施者」は、国税分野であれば国税庁長官、地方税分野であれば市長などの首長、雇用保険分野であれば公共職業安定所長、労災保険分野であれば労働基準監督署長、健康保険分野であれば全国健康保険協会等、厚生年金保険分野であれば日本年金機構等が該当することとなります。そして、これらの個人番号利用事務実施者が告示等により「個人番号利用事務実施者が適当と認める書類等」を定めていくことになります。

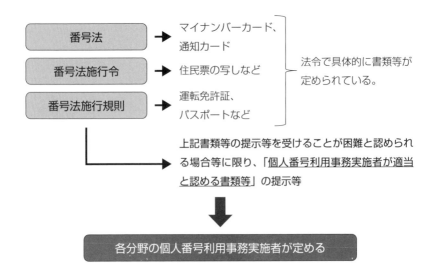

　この点、国税庁長官が「個人番号利用事務実施者が適当と認める書類等」の告示（以下、本章において「国税庁告示」といいます。）[*12]を定めており、その他の分野における個人番号利用事務実施者は、基本的にはこの国税庁告示に準拠した取扱いとなるようにしています。

*12　「行政手続における特定の個人を識別するための番号の利用等に関する法律施行規則に基づく国税関係手続に係る個人番号利用事務実施者が適当と認める書類等を定める件」（国税庁告示第2号）

　したがって、本書第2章の「国税分野における番号法に基づく本人確認」は、他の分野においても大半が利用可能であることから、しっかりと理解する必要があります。

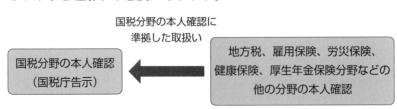

2 国税分野以外の分野における対応

上記1で述べたとおり、国税分野以外の分野においては、基本的には、この国税庁告示に準拠した取扱いとなっています。

例えば、雇用保険分野における事業者等が行う本人確認については、「業務取扱要領（20001－23600雇用保険適用関係）」（厚生労働省職業安定局雇用保険課）で「事業主等が行う具体的な本人確認措置の内容は別紙『事業主等が行う本人確認措置』のとおりであるが、国税庁が国税分野における本人確認措置として定めたものに準拠している。」としています（23601⑴）。また、雇用保険分野における公共職業安定所長（ハローワーク）が行う本人確認については、「業務取扱要領（50001－54000雇用保険給付関係）」（厚生労働省職業安定局雇用保険課）で公共職業安定所長が認める書類として「国税庁告示に規定されている書類」と定めています（50005⑸）。

また、地方税分野では総務省ウェブページ[13]において、「地方税分野での本人確認に際し、番号法施行規則に規定する『個人番号利用事務実施者が適当と認めるもの』の告示（例）」及び「告示（例）に規定している書類の具体例」を掲載していますが、その内容は国税庁告示に準拠したものとなっています。

[13] http://www.soumu.go.jp/kojinbango_card/mynumber_tax.html

その他、健康保険・厚生年金保険分野においては、本書執筆時点では個人番号の利用が開始していないことから、具体的な本人確認方法は公表されていないものの、厚生労働省資料[14]において、「税務署への届出にあたって必要となる本人確認の方法は、健康保険組合、日本年金機構、ハローワークへの届出でも当該方法による確認が可能です。」とされており、国税庁告示に準拠したものとなることが明らかにされています。

*14 厚生労働省資料「社会保障・税番号制度の導入に向けて（社会保障分野）〜事業主の皆様へ〜」（平成28年２月）

　これら他の分野の本人確認が国税庁告示に準拠しているのは、実務上の混乱が生じないようにするための措置としては評価できるものです。しかし、一方で、各省庁からの公表が遅く、広報も少ないことから分かりにくい等の批判も多く、実務上の混乱が生じていることは否定できません。この本人確認は、行政機関等に代わって、事業者等が行っているという部分もあることから、事業者に過度な負担がかからないように、国・地方が一体となって、充実した広報を行うこと等が望まれます。

12 マイナンバーカード等と一般的な本人確認

Q レンタルビデオ屋で会員になる際などに行われる、いわゆる一般的な本人確認において、身分証明書としてマイナンバーカードを使うことはできますか。

A マイナンバーカードは、基本4情報が記載された顔写真付きの公的な身分証明書として、一般的な本人確認においても使用することができます。

1 一般的な本人確認と身分証明書

　レンタルビデオ屋の会員になる場合や中古品を古物商に売り渡す場合などにおいては、運転免許証、パスポート、住民基本台帳カード（顔写真付）、健康保険証などを身分証明書として、いわゆる一般的な本人確認（以下、本章において「一般的な本人確認」といいます。）が行われています。

　マイナンバーカードは、氏名、住所、生年月日及び性別（基本4情報）が記載された顔写真付のカードであり、公的な身分証明書として、上記のような一般的な本人確認において使用することができます。ただし、一般的な本人確認において、マイナンバーカードを身分証明書として取り扱うかどうかは、最終的には、本人確認を行う事業者や行政機関等の判断になります。

第1章　番号法に基づく本人確認の概要

マイナンバーカード

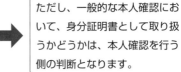

ただし、一般的な本人確認において、身分証明書として取り扱うかどうかは、本人確認を行う側の判断となります。

公的な身分証明書として利用可能

　そのため、一般的な本人確認において、マイナンバーカードを提示した結果、「身分証明書として使えない」という対応をされる可能性があります。マイナンバー制度が定着していない現段階においては、身分証明書として利用できない場合が多いことから、実際に身分証明書として利用したい場合には、相手方に確認した方がよいでしょう。

2 マイナンバーカードのコピー

　一般的な本人確認の際には、運転免許証のコピーをとったり、記載されている記号を書き取ったりすることが多いですが、マイナンバーカードにおいても「表面」のコピーをとることは可能です。
　一方、マイナンバーカードの「裏面」には、個人番号が記載されていることから、個人番号関係事務や個人番号利用事務などの番号法で限定的に認められた事務を行う場合しかコピーをとることはできません。したがって、一般的な本人確認の際には、裏面のコピーをとったり、個人番号を書き写したりすることはできません。

12 マイナンバーカード等と一般的な本人確認

マイナンバーカード（裏面）

一般的な本人確認では、マイナンバーカードの裏面をコピーしたり、マイナンバーを書き写したりすることはできません。

　マイナンバーカードは、カードケースが附属しており、そのケースに入れると個人番号部分が隠れるようになっているため、一般的な本人確認で利用する際には、カードケースに入れたまま利用するとよいでしょう。ただし、カードケースに入れたままであっても、マイナンバーカードの裏面をコピーすることはできません。それは、マイナンバーカードの裏面には「ＱＲコード」が記載されており、カードケースに入れたままであっても、その部分は隠れるようになっていないからです。

　マイナンバーカードの裏面のＱＲコードは、番号法に基づく個人番号関係事務実施者又は個人番号利用事務実施者が、迅速かつ容易に個人番号を取得できるように、記載されているものです。そして、マイナンバーカードのカードケースにおいて、このＱＲコード部分を隠すようにしていないことの趣旨等については、総務省自治行政局住民制度課が以下のとおり説明しています[*15]。

① 　ＱＲコードは、仮に目視しても記録されている情報がわかるものではなく、記録されているマイナンバーを不正に読み取るためには機器の使用が必要であり、このような行為は、カードケースを外そうとする行為と同程度に不自然であることが周囲から一目瞭然であること。
② 　ＱＲコードをマスキングしないことで、カードケースに格納したまま機器を用いてＱＲコードを読み取りマイナンバーを取得することが可能となり、権限のある機器操作者以外の周囲の方が、カードケースによりマスキングされているマイナンバー等の箇所を目視する機会が生じない

> ようにすることができること。
>   以上のように、カードケースは、マイナンバー等の情報を第三者から容易に目視できないよう、マスキングをしているものであり、カードケースに格納することで裏面のコピーを可能とするものではありません。

＊15　総務省自治行政局住民制度課「マイナンバーカードの裏面にＱＲコードが記載されている趣旨及びカードケースのマスキングの考え方について」

3　通知カードの取扱い

　通知カードは、市町村から発行されるものであり、基本４情報が記載されていることから、身分証明書として利用できるのではないかと考える方も多いと思われます。しかし、通知カードを身分証明書として取り扱うことは適当ではないとされています[16]。通知カードには、基本４情報とあわせて個人番号が記載されています。通知カードの発行目的は、個人番号を本人に通知すること及び個人番号を確認するためのものであり、また、個人番号は番号法で限定的に認められた場合のみ提供等することができることから、一般的な本人確認において、通知カードを身分証明書として取り扱うことは適当ではないと考えられています。したがって、一般的な本人確認で通知カードを身分証明書として取り扱うことはやめましょう。

＊16　内閣官房「マイナンバー社会保障・税番号制度」ウェブページ「マイナンバーカードの身分証明書としての取扱いについて」（http://www.cas.go.jp/jp/seisaku/bangoseido/mibunshoumei.html）

4　個人番号が記載された住民票の写しの取扱い

　マイナンバー制度の導入に伴い、住民票の写しの交付申請を行う際に、個人番号の記載を求めることにより、個人番号が記載された住民票の写しの交付を受けることができます（個人番号の記載を求

めなければ、従来どおり、個人番号が記載されていない住民票の写しの交付を受けることができます。）。

　一般的な本人確認においては、従来から、住民票の写しを利用する場合もありましたが、上記3の通知カードと同様に、個人番号が記載された住民票の写しを身分証明書として取り扱うことは適当ではありません。

　したがって、個人番号が記載された住民票の写しを身分証明書として取り扱うことはやめましょう。

　なお、身分証明書として、個人番号が記載されていない住民票の写しを求めたにもかかわらず、個人番号が記載された住民票の写しが提出された場合には、個人番号が記載されていない住民票の写しの再提出をお願いするか、個人番号部分を復元できない程度にマスキングする等の措置を講ずる必要があります。

13 法人番号や死者の個人番号と本人確認

Q 法人番号の提供を受ける場合や亡くなった方（死者）の個人番号の提供を受ける場合は、本人確認が必要ですか。

A 法人番号や亡くなった方（死者）の個人番号の提供を受ける場合には、本人確認は必要ありません。

1 法人番号と本人確認

　マイナンバー制度におけるもう一つの番号として、「法人番号」があります。国税庁長官が、国の機関、地方公共団体、株式会社等の設立登記をした法人その他一定の団体に対して、法人番号を指定して通知することになります（番号法42、番号令35～42）。法人番号も個人番号と同様に、悉皆性や唯一無二性などの性質をもつ番号ですが、法人番号は外部に公表することとされており、様々な場面での利用が想定されています。すなわち、法人の場合には、「なりすまし」や「プライバシー」等の問題は生じないことから、本人確認措置などの保護措置は講じられていません。

　したがって、法人番号の提供を受ける場合には、番号法の本人確認は必要ありません。

2 死者の個人番号

　個人情報保護法でいう「個人情報」は、「生存する個人に関する情報」を前提としているものであり、亡くなった方（以下「死者」

といいます。）の情報は、原則として、個人情報に該当しません。

一方、番号法でいう「個人番号」は、生存する個人に関する個人番号に限らず、死者の個人番号も含むこととなります。

3 死者の個人番号と本人確認

個人番号には、死者の個人番号も含まれることから、その提供を受ける個人番号関係事務実施者又は個人番号利用事務実施者は本人確認を行われなければいけないのかという疑問が生じます。

これについて、本章 **Q5** で確認したとおり、番号法の本人確認は、「本人又は代理人」から本人の個人番号の提供を受けるときに行うものです。死者が、個人番号を自分で提供するということや代理人をたてて提供するということは観念し難いことです。

したがって、個人番号関係事務実施者又は個人番号利用事務実施者は、死者の個人番号の提供を受けたとしても、本人確認を行う必要はありません。

なお、死者の個人番号については、番号法における提供制限の適用はありませんので、死者の個人番号を知っている方に適宜提供を求めることとなります（マイナンバーガイドラインＱ＆Ａ〔Q17－5〕）。

4 死者の本人確認書類の提示等

番号法の本人確認を行うときには、本人確認書類の提示又は提出を受ける必要がありますが、死者の個人番号については本人確認を行う必要がないことから、死者の個人番号に対応する本人確認書類の提示等は必要ありません（国税庁「相続税・贈与税に関するＦＡＱ」〔Q１－３〕）。

14 本人確認の委託

Q 第三者に本人確認事務を委託することはできますか。

A 本人確認事務を委託することはできます。ただし、委託を受けた者に対する必要かつ適切な監督を行わなければなりません。

1 本人確認事務の委託

番号法では、個人番号関係事務又は個人番号利用事務の全部又は一部の委託をすることを認めています（番号法2⑫、⑬）。例えば、事業者は、個人番号関係事務である従業員等に係る年末調整事務について、税理士に委託することができます。

本人確認事務は、個人番号関係事務又は個人番号利用事務の一部を構成するものであると考えられることから、これを第三者に委託することができます。ただし、個人番号関係事務又は個人番号利用事務の全部又は一部の委託をする者（以下、本章において「委託元」といいます。）は、委託を受けた者（以下、本章において「委託先」といいます。）において取り扱う特定個人情報の安全管理が図られるように、その委託先に対する必要かつ適切な監督を行わなければなりません（番号法11）。

したがって、本人確認事務を委託した場合には、委託元は、委託先に対する必要かつ適切な監督を行う必要があります。

なお、委託先も「個人番号関係事務実施者」、「個人番号利用事務実施者」に含まれます（番号法2⑫、⑬）。

14　本人確認の委託

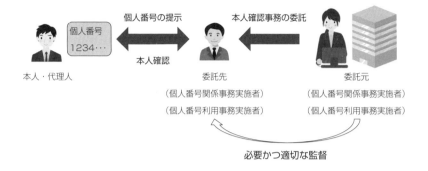

2　必要かつ適切な監督

「必要かつ適切な監督」には、以下の3つが含まれます（マイナンバーガイドライン第4－2－(1)）。

① 委託先の適切な選定
② 委託先に安全管理措置を遵守させるために必要な契約の締結
③ 委託先における特定個人情報の取扱状況の把握

委託先の選定に関する具体的な確認事項としては、委託先の設備、技術水準、従業者[*17]に対する監督・教育の状況、その他委託先の経営環境等が挙げられます。

[*17] 「従業者」とは、事業者の組織内にあって直接間接に事業者の指揮監督を受けて事業者の業務に従事している者をいいます。具体的には、従業員のほか、取締役、監査役、理事、監事、派遣社員等を含みます。

委託契約の締結については、契約内容として、以下の規程等を盛り込まなければなりません。

① 秘密保持義務
② 事業所内からの特定個人情報の持出しの禁止

③　特定個人情報の目的外利用の禁止
④　再委託における条件
⑤　漏えい事案等が発生した場合の委託先の責任
⑥　委託契約終了後の特定個人情報の返却又は廃棄
⑦　従業者に対する監督・教育
⑧　契約内容の遵守状況について報告を求めること

　また、これらの契約内容のほか、特定個人情報を取り扱う従業者の明確化、委託者が委託先に対して実地の調査を行うことができる規定等を盛り込むことが望ましいとされています。

3 個人番号の収集と委託

　実務上、本人確認事務を委託する場合には、個人番号の収集事務も委託することが多いと考えられます。このような場合、個人番号を提供する本人との間でトラブルが起こりやすいと考えられます。つまり、郵送等で個人番号を収集する場合において、封書が委託元ではなく、本人とは何ら関係の無い委託先から送られてくると、本人としては「個人番号の適法な求めなのか」、「個人番号をだまし取ろうとしているのではないか」などといった疑念を抱く可能性が高くなると考えられます。

　したがって、例えば、委託元は、他の事業者にこれらの事務を委託した旨を本人に対し書面で送付をしたり、委託元のホームページで公表したりするなど、トラブルを回避するための対応を検討し、実施することが望ましいでしょう。

【例】
　当社は、個人番号（マイナンバー）の収集及びそれに伴い発生する番号法の本人確認について、下記の事業者に委託しております。

> 当該事業者から個人番号の収集等に関する書面が郵送されますので、御協力の程よろしくお願いいたします。
> 委託先事業者：〇〇〇〇

※委託先事業者が、「法人」の場合には「法人番号」を記載するとよいでしょう。「個人」の場合には「個人番号」を記載することはできませんのでご注意ください。

※書面を送付する場合は、送付時期を記載するとよいでしょう（例：…書面が〇月頃郵送されますので…）。

第2章
国税分野における番号法に基づく本人確認

1 国税関係手続における マイナンバー記載

Q 国税関係手続におけるマイナンバー記載について教えてください。

A 国税関係手続に係る申告書や申請書、届出書などの書類を提出する方は、原則として、当該書類に、氏名や住所などのほか、自らのマイナンバーを記載して提出する必要があります。

1 基本的事項

　番号法の施行により、税務署長等に対し、所得税の確定申告書や相続税、贈与税の申告書などの申告書、申請書、届出書、調書その他の書類を提出する者は、その書類に個人番号（以下、本章において「マイナンバー」といいます。）を記載することとされました（通則法124）[*1]。

＊1　提出する者が法人の場合は、法人番号の記載が必要です。

　国税に関する法律の規定についてですが、国税通則法124条においては、各種手続の際に提出する書類の基本的な記載事項を定めています。番号法の施行に伴い、同条が改正され、国税関係手続においては原則としてマイナンバーの記載が必要となりました。

　他方で一部の申請書等については、所得税法や相続税法などの個別法において記載事項が定められています。こうした個別法についても番号法の施行に伴い法改正が行われ、法定記載事項としてマイナンバーの記載が必要とされました。

後ほど、平成28年度税制改正の記述の中でも触れますが、国税通則法と所得税法などの個別法の関係は、一般法と特別法の関係となりますので、国税通則法においてマイナンバーの記載が必要と規定されていても、特別法たる所得税法などの個別法において法定記載事項を定めている手続のうち、法定記載事項としてマイナンバーの記載を定めていない場合には、当該手続においては「マイナンバーの記載は不要」ということになります。

　国税当局においては、番号記載が必要な各種申告書・申請書に番号記載欄を設けており、納税者の方々は、これらの様式の番号記載欄にマイナンバーを記載することにより、手続の都度、国税当局に対してマイナンバーの提供を行うことになります。手続にマイナンバーの記載が必要かどうかの判断は、実際に手続のために使用する様式に番号記載欄があるかないかで判断することが可能です。

2　マイナンバー記載が必要な手続とその記載開始時期

　国税関係手続において、マイナンバー記載が必要な手続のうち、納税者の方にとって身近な手続は申告手続であると思います。また、事業者の方については、申告手続のほか、源泉徴収票や報酬料金等の支払に係る支払調書などの法定調書などについてもマイナンバーの記載が必要となります。

　国税関係手続に係るマイナンバーの記載時期は下表のとおりです。

〈マイナンバーの記載が必要となる時期（例）〉

	記載対象	一般的な場合の提出時期
所得税	平成28年分以降の申告書	（平成28年分の場合） ⇒平成29年2月16日から3月15日まで

贈与税	平成28年1月1日の属する年分以降の申告書	（平成28年分の場合） ⇒平成29年2月1日から3月15日まで
消費税	平成28年1月1日以降に開始する課税期間に係る申告書	（平成28年分の場合） ⇒平成29年3月31日まで
相続税	平成28年1月1日以降の相続又は遺贈に係る申告書	（平成28年1月1日に相続があったことを知った場合） ⇒平成28年11月1日まで
法定調書[※1]	平成28年1月1日以降の金銭等の支払等に係る法定調書	（例）平成28年分給与所得の源泉徴収票、平成28年分報酬、料金、契約金及び賞金の支払調書 ⇒平成29年1月31日まで
申請書・届出書[※2]	平成28年1月1日以降に提出するマイナンバーの記載が必要となる申請書等	各税法に規定する提出時期

※1 法定調書の対象となる金銭の支払を受ける方等の番号も記載する必要があります。
　なお、給与所得の源泉徴収票や特定口座年間取引報告書などで本人へ交付するものにはマイナンバーの記載は不要です。
※2 平成28年度税制改正により、<u>一部の申請書・届出書について、マイナンバーの記載が不要になりました。</u>
　詳しくは、下記3をご参照ください。

3 平成28年度税制改正におけるマイナンバー記載不要措置

1 改正の概要

　上記1で記載したとおり、国税関係手続においては、原則として多くの税務関係書類についてマイナンバー記載が必要とされています。他方で、マイナンバーを記載した書類などを取り扱うに当たっ

ては、番号法及びガイドライン[*2]において、厳格かつ適切な安全管理措置が求められているほか、マイナンバーの提供を受けた際には本書のテーマである番号法上の本人確認を行うため、個人番号関係事務実施者となる事業者だけでなく、マイナンバーを提供する方にとっても一定の負担となるとの指摘も存在していました[*3]。

[*2]　「特定個人情報の適正な取扱いに関するガイドライン（事業者編）」（特定個人情報保護委員会告示第5号（最終改正：平成27年特定個人情報保護委員会告示第7号））
[*3]　「マイナンバーの記載に係る本人確認手続やマイナンバー記載書類の管理負担に配慮し、一定の書類についてマイナンバーの記載を不要とする見直しを行う。」（平成28年度税制改正の大綱（平成27年12月16日：自由民主党、公明党）

　このため、平成28年度の税制改正において、申告書及び法定調書等を除く各種税務関係書類のうち、一部の書類については、マイナンバーの記載に係る本人確認手続やマイナンバー記載書類の管理負担に配慮する観点から、申告等の主たる手続と併せて提出される書類等について、マイナンバーの記載を不要とする見直しが行われました[*4]。

[*4]　財務省ホームページに掲載されている「平成28年度税制改正の解説」国税通則法等の改正「四　マイナンバー記載の対象書類の見直し」をご参照ください。

　具体的には、①申告等の主たる手続と併せて提出され、又は申告等の後に関連して提出されると考えられる書類（例：所得税の青色申告承認申請書、消費税簡易課税制度選択届出書、納税の猶予申請書）、②税務署長等には提出されない書類であって提出者等の個人番号の記載を要しないこととした場合であっても所得把握の適正化・効率化を損なわないと考えられる書類（例：非課税貯蓄申込書、財産形成非課税住宅貯蓄申込書、非課税口座廃止届出書）がマイナンバーの記載を要しない書類とされ、①については、平成29年1月1日以後に提出すべき書類から適用され、②については平成28年4月1日以後に提出すべき書類から適用されています。

　本章の最後にマイナンバーの記載を要しない書類等の一覧を参考

第2章　国税分野における番号法に基づく本人確認

資料1として掲載しています。

2 番号法上の留意事項と国税当局における対応

　上記1の①の書類については、平成29年1月1以後に提出すべき書類から適用されるため、現行法令上においては平成28年12月31日まではマイナンバーの記載が必要となります。

　したがって、同じ書類であっても、平成28年12月31日まではマイナンバーを記載し、平成29年1月1日以降はマイナンバーを記載しないことになります。

　このため、平成29年1月1日以降に誤ってマイナンバーを記載してしまうことも考えられます。

　番号法においては、番号法19条の各号に定める場合を除き、特定個人情報を他人に提供してはならない旨が規定されているところ、今般の改正により上記のように誤ってマイナンバーを記載して提出した場合には、当該提供を行った納税者の方が番号法の違反行為を行うことになってしまうのではないかという問題（単に、誤って特定個人情報の提供行為を行った場合において、直ちに番号法上の罰則が適用されるものではないと考えられます[*5]。）が生ずるところです。

＊5　「番号法に規定されている上記1の罰則は、いずれも故意に基づく行為を処罰するものであり、その適用についても「故意」が認められるかどうかが重大な判断要素となります。」（鈴木涼介『税理士のマイナンバー実務』（清文社））

　国税当局においては、このような問題が生じないように、マイナンバーの記載が不要となる書類については、平成29年1月1日以降、納税者の方がマイナンバーを誤って記載しないよう、すでにマイナンバー記載欄を削除した様式を配付・使用しています。

　冒頭にも記載しましたが、納税者の方は、様式に番号記載欄があるかないかで、マイナンバーの記載が必要な手続かどうかをご判断いただければ問題は生じないものと考えてよいでしょう。

2 国税関係手続における本人確認の義務

Q 国税関係手続において事業者が番号法上の本人確認を行う場面について教えてください。

A 番号法上の本人確認は、個人番号利用事務実施者又は個人番号関係事務実施者がマイナンバーの提供を受けるときに行わなければならないこととされています（番号法16）。

国税関係手続において、事業者の方は、個人番号関係事務実施者として、従業員の源泉徴収票作成事務、取引先等に係る法定調書作成事務のために、従業員や取引先等からマイナンバーの提供を受ける必要があり、この際、番号法上の本人確認を行う義務が生じます。

番号法において、マイナンバーを取り扱う者として、「個人番号利用事務実施者」と「個人番号関係事務実施者」がおり、事業者は国税関係手続において「個人番号関係事務実施者」に該当する場合があります。ここでは、「個人番号利用事務実施者」と「個人番号関係事務実施者」のそれぞれについて、本人確認を行う基本的なケースについて説明します。

1 個人番号利用事務実施者

「個人番号利用事務」とは、行政機関、地方公共団体、独立行政法人等その他の行政事務を処理する者が法令の規定によりその保有する特定個人情報ファイルにおいて個人情報を効率的に検索し、及

び管理するために必要な限度でマイナンバーを利用して処理する事務をいい、この個人番号利用事務を処理する者（個人番号利用事務の委託を受けた者を含みます。）を「個人番号利用事務実施者」といいます（番号法2⑩⑫）。

　国税関係手続においては、「個人番号利用事務実施者」とは、国税当局ということになります。

　したがって、所得税の確定申告などで納税者の方々が、自らのマイナンバーを申告書に記載して、税務署にマイナンバーを提供するときは、提供を受けた税務署職員が、番号提供者に対して番号法上の本人確認を行うことになります。

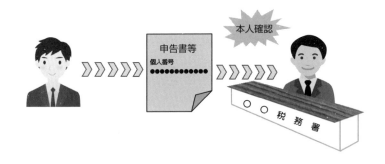

2　個人番号関係事務実施者

　「個人番号関係事務」とは、法令の規定により個人番号利用事務に関して行われる他人のマイナンバーを必要な限度で利用して行う事務をいい、個人番号関係事務を処理する者（個人番号関係事務の委託を受けた者を含みます。）を「個人番号利用事務実施者」といいます（番号法2⑪⑬）。

　国税関係手続においては、事業者の方は、源泉徴収票作成事務や法定調書提出事務で、個人番号関係事務実施者として、従業員や取引先等のマイナンバーを取り扱うことになります。

例えば、事業者の方が顧問の弁護士や税理士に報酬料金を支払う場合、事業者は、所得税法225条の規定により、支払調書を税務署長に提出しなければならないこととされており[*6]、この際、事業者は当該支払調書にその報酬料金の支払いを受ける弁護士や税理士のマイナンバーを記載して税務署に提出する必要があります。この弁護士や税理士という他人のマイナンバーを事業者が支払調書に記載して税務署に提出するという行為が法令で定められた事務であり、事業者が行う「個人番号関係事務」ということになります（法律的な整理は、第3章 **Q1** 参照）。

[*6] 同一人に対するその年中の支払金額の合計が5万円を超える場合に支払調書の提出が必要となります。

ここで、事業者は個人番号関係事務を履行するために、当該弁護士や税理士からマイナンバーの提供を求める必要があります。

その際に、事業者は個人番号関係事務実施者として弁護士本人や税理士本人のマイナンバーの提供を受けることとなりますので、この際に事業者に番号法上の本人確認義務が生ずることとなります。

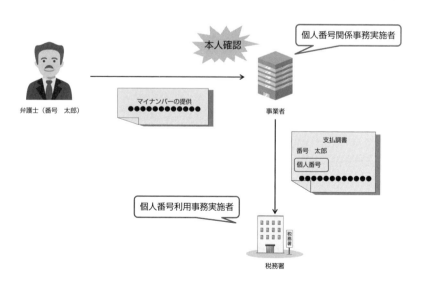

第2章　国税分野における番号法に基づく本人確認

　事業者が従業員に係る源泉徴収事務を行う場合も同様です。源泉徴収票の税務署への提出事務や給与支払報告書の市区町村への提出事務は個人番号関係事務となります。

　事業者は源泉徴収票や給与支払報告書の提出という個人番号関係事務を実施するために、従業員や扶養親族等のマイナンバーを収集する必要があり、一般的には、従業員からマイナンバーが記載された扶養控除等申告書の提出を受けることにより従業員や扶養親族等のマイナンバーを収集することになります。この際、従業員本人から従業員のマイナンバーの提供を受けることになりますので、事業者は個人番号関係事務実施者として、従業員本人に対して番号法上の本人確認を行う必要があります。

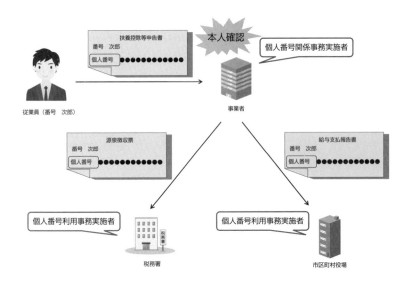

3 従業員からの扶養控除等申告書の提出に係る本人確認

Q 従業員から提出を受ける扶養控除等申告書に記載された扶養親族などのマイナンバーについても事業者において本人確認を行うのでしょうか。

A 従業員の家族（控除対象配偶者や扶養親族）に係るマイナンバーが記載された扶養控除等申告書の提出を受ける場合には、事業者において従業員の家族に係る本人確認を行う必要はありません。

　先の **Q2** において、「事業者は個人番号関係事務実施者として従業員本人に対して番号法上の本人確認を行う」と説明したように、扶養控除等申告書の提出があった場合において、事業者が実施する番号法上の本人確認は、従業員本人のマイナンバー提供に係る部分のみであり、扶養親族などのマイナンバーについては扶養控除等申告書に記載があるからといって、事業者が番号法上の本人確認を行う必要はありません（第1章 **Q6** 参照）。

　まず、所得税法194条の規定により、扶養控除等申告書を提出する者は、従業員本人となります。同条においては、控除対象配偶者や控除対象扶養親族（以下、本章において「扶養親族等」といいます。）のマイナンバーを記載する旨が法定記載事項として定められていますが、あくまで、これらを扶養控除等申告書に記載して提出する主体は従業員本人ということになります。

　従業員本人は、扶養親族等からマイナンバーの提供を受けて扶養控除等申告書にマイナンバーを記載することになりますが、この行

為自体が、従業員本人が行う個人番号関係事務となります。従業員本人は、個人番号関係事務を履行するために、個人番号関係事務実施者として扶養親族等からマイナンバーを収集します。このとき、当該従業員本人は、個人番号関係事務実施者として、扶養親族等に係る番号法上の本人確認を行う必要があります。

　ここで、番号法の条文を確認します。

　番号法19条では、特定個人情報の提供ができる場合が規定されていますが、同条3号において、「本人又はその代理人が個人番号利用事務等実施者に対し、当該本人の個人番号を含む特定個人情報を提供するとき」は特定個人情報の提供が認められています。そして、番号法16条では「個人番号利用事務等実施者は、第14条第1項の規定により本人から個人番号の提供を受けるとき」は本人確認が必要である旨を規定しています。すなわち、従業員本人のマイナンバーを扶養控除申告書に記載して事業者に提出する場合には、事業者は従業員本人のマイナンバーを従業員本人から取得することになるため、番号法上の本人確認が必要ということになります。

　他方で、扶養控除等申告書に記載された扶養親族等に係るマイナンバーについては、扶養親族等本人が直接、事業者にマイナンバーを提供しているものではなく、個人番号関係事務実施者としての従業員から個人番号関係事務実施者である事業者に対してのマイナンバー提供ということになります。

　これは、番号法19条2号の「個人番号関係事務実施者が個人番号関係事務を処理するために必要な限度で特定個人情報を提供するとき（第10号に規定する場合を除く。）」の規定に基づき、従業員（個人番号関係事務実施者）は扶養親族等のマイナンバー（特定個人情報）を提供することとなります。したがって、事業者が個人番号関係事務実施者として、扶養親族等から直接、マイナンバーの提供を受けるものではないため、番号法16条に定める「本人から個

3　従業員からの扶養控除等申告書の提出に係る本人確認

人番号の提供を受けるとき」には当たらず、事業者は番号法16条の規定による本人確認義務は生じないということになります。

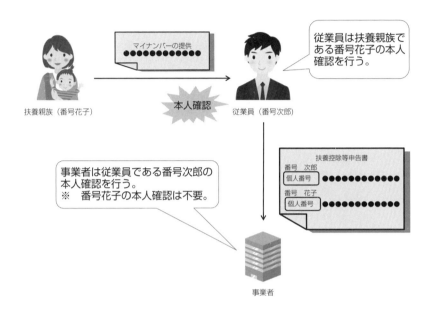

4 源泉徴収票の税務署への提出に伴う本人確認書類の添付

Q 従業員のマイナンバーが記載された源泉徴収票を税務署に提出する際には、従業員全員の本人確認書類を添付しなければならいないのですか。

A 従業員のマイナンバーが記載された源泉徴収票を税務署に提出する際に、従業員の本人確認書類の提示又は写しの添付の必要はありません。
　ただし、給与の支払者が個人事業者である場合は、支払者自身の本人確認書類の提示又は写しの添付が必要となります。

1 源泉徴収票へのマイナンバーの記載

　「給与所得の源泉徴収票」については、給与等の支払金額が一定額以上の場合には、税務署に提出することとされています[*7]が、平成28年1月1日以後に支払うべき給与等に係る「給与所得の源泉徴収票」から、従業員やその扶養親族等のマイナンバー、支払者のマイナンバー又は法人番号を記載して税務署に提出する必要があります。

　*7　従業員は給与支給額が500万円を超える場合、法人役員は給与支給額が150万円を超える場合に「給与所得の源泉徴収票」の税務署への提出が必要になります。

　この「給与所得の源泉徴収票」には、平成27年分までは、扶養親族等の氏名も記載する必要はありませんでしたが、平成28年分以後は、扶養親族等の氏名及びマイナンバーの記載が必要となりま

した。このため、記載欄を設け、様式のサイズもA6サイズからA5サイズに変更となっています。

なお、「給与所得の源泉徴収票」は税務署に提出するほか、従業員本人に対しても交付しますが、従業員本人に交付する源泉徴収票には、従業員や扶養親族等のマイナンバー及び支払者のマイナンバーや法人番号ともに記載する必要はありません。

2 番号法上の本人確認

番号法上、本人確認を行う必要があるのは、本人からマイナンバーの提供を受けるときとされています（番号法16）。

したがって、事業者が従業員本人からマイナンバーの提供を受ける場合には、番号法上、その従業員に対して本人確認を行う必要がありますが、本章**Q3**に記載のとおり、給与所得の扶養控除等申告書などに記載された従業員の扶養親族等のマイナンバーについては、事業者は扶養親族等から直接マイナンバーの提供を受けるものではないため、事業者が番号法上の本人確認を行う必要はありません。

この関係を源泉徴収票の提出について当てはめてみると、給与支払者は、従業員やその扶養親族等のマイナンバーを源泉徴収票に記載して税務署に提出しますが、この場合、従業員やその扶養親族等が税務署に直接マイナンバーを提供するものではないため、税務署においては、その記載された従業員や扶養親族等の本人確認を行う必要がありません。したがって、支払者が従業員等のマイナンバーが記載された源泉徴収票を提出する際に、従業員等の本人確認書類の提示又は写しの添付は必要ありません。

3 支払者が個人事業者である場合

　源泉徴収票には、従業員等のマイナンバーのほかに支払者のマイナンバー又は法人番号を記載して税務署へ提出します。

　支払者が個人事業者である場合は、源泉徴収票に事業者本人のマイナンバーを記載して税務署に提出することとなり、このように支払者から自らのマイナンバーが提供された場合には税務署において支払者に対する本人確認を行う必要があります。

　したがって、支払者が個人事業者である場合は、自らのマイナンバーを源泉徴収票に記載するとともに、税務署に提出する際には、事業者自身の本人確認書類の提示又は写しの添付が必要となります。

（参考）　平成28年分　給与所得の源泉徴収票

5　扶養控除等申告書へのマイナンバーの記載が不要となる場合

Q　一定の場合には扶養控除申告書にマイナンバーを記載しなくてもよいと聞きましたが、それはどのような場合ですか。また、その場合には従業員の本人確認は行わなくてもよいのですか。

A　扶養控除等申告書には、基本的には従業員等のマイナンバーを記載する必要がありますが、平成29年1月1日以後に支払を受けるべき給与等に係る扶養控除等申告書については、給与支払者が扶養控除等申告書に記載されるべき従業員本人、扶養親族等の氏名及びマイナンバー等を記載した帳簿を備えている場合には、その従業員が提出する扶養控除等申告書にはその帳簿に記載されている方のマイナンバーの記載を要しないこととされました（帳簿保存方式）。
　この場合に、扶養控除等申告書には従業員等のマイナンバーは記載されませんので、番号法上の本人確認を行う必要はありません。

　扶養控除等申告書は平成28年1月1日以後に提出するものから、従業員本人、扶養親族等のマイナンバーを記載する必要があり、マイナンバーが記載された扶養控除等申告書の提出を受ける給与の支払者は、提出者である従業員の本人確認を行わなければなりません（扶養控除等申告書に記載された扶養親族等のマイナンバーについては本章 **Q3** に記載のとおり従業員が本人確認を行います。）。
　ただし、平成28年度の税制改正において、平成29年1月1日以後に支払を受けるべき給与等に係る扶養控除等申告書へのマイナン

バー記載について特例が設けられたため、給与支払者が扶養控除等申告書に記載されるべき従業員本人、扶養親族等の氏名及びマイナンバー等を記載した帳簿を備えている場合には扶養控除等申告書に従業員等のマイナンバーを記載する必要がなくなりました（所法198⑥）。

具体的に、この帳簿には次の事項を記載する必要があります。

① 扶養控除等申告書に記載されるべき提出者本人、扶養親族等の氏名、住所及びマイナンバー
② 帳簿の作成に当たり提出を受けた申告書の名称
③ ②の申告書の提出年月日

また、この帳簿は「給与所得者の扶養控除等申告書」、「従たる給与についての扶養控除等申告書」、「退職所得の受給に関する申告書」又は「公的年金等の受給者の扶養親族等申告書」のいずれかの申告書の提出を受けて作成したものでなければなりません。

番号法上の本人確認は、本人からマイナンバーの提供を受ける場合に行う必要がありますが、この特例を利用した場合には、扶養控除等申告書の提出に当たって従業員からマイナンバーの提供を受けていませんので、番号法上の本人確認を行う必要はありません。

つまり、1回マイナンバーが記載された扶養控除等申告書の提出を受け、それに基づき帳簿を作成すれば、同じ者についてマイナンバーの記載や本人確認を行わなくてもよいということになります。

なお、この取扱は「従たる給与についての扶養控除等申告書」、「退職所得の受給に関する申告書」及び「公的年金等の受給者の扶養親族等申告書」についても同様です。

6 番号法上の本人確認書類等を定める国税庁告示の概要

Q 番号法上の本人確認書類等を定める国税庁告示の概要について教えてください。

A 平成27年国税庁長官告示2号[*8]は、番号法施行規則に基づき、国税関係手続におけるマイナンバーの提供を受ける際の本人確認について、番号法上の本人確認書類又は本人確認方法として認めるものを定めた告示です。

[*8] 行政手続における特定の個人を識別するための番号の利用等に関する法律施行規則に基づく国税関係手続に係る個人番号利用事務実施者等が適当と認める書類等を定める件（最終改正：平成28年国税庁告示第10号）

　番号法上の本人確認については、番号法、番号法施行令及び番号法施行規則において、その提供方法（対面か電子的な提供か）や提供する者（本人か代理人か）に応じた本人確認書類や本人確認方法を規定していますが、一部、これらについて、「個人番号利用事務実施者が適当と認める書類」であったり、「個人番号利用事務実施者が適当と認める方法」として、その具体的な内容を個人番号利用事務実施者に委任しています。

　国税庁告示は、番号法施行規則の委任を受けて、国税関係手続における本人確認書類やその方法ついて、個人番号利用事務実施者たる国税庁長官が、その具体的な内容を告示として定めているものになります[*9]。（本章の最後に告示の内容を参考資料2、3として掲載しています。）

[*9] 地方税関係手続に係る利用事務実施者は市長村長になるため、本人確認書類等に関する具体的な内容は各自治体が定める告示等によることとなります。

7 対面による本人確認方法

Q 従業員や取引先から対面でマイナンバーの提供を受ける場合の本人確認方法について教えてください。

A 従業員や取引先から対面でマイナンバーの提供を受ける場合には、「マイナンバーカード」又は「通知カード等の番号確認書類及び写真付身分証明書等の身元確認書類」の提示を受けて本人確認を行う必要があります。

　従業員からのマイナンバー提供については、一般的には、マイナンバーを記載した扶養控除等申告書の提出を受けることで行われます。また、取引先（弁護士や税理士、講演会の講師などの報酬等の支払先）からのマイナンバーの提供については、マイナンバー収集に係る定型のフォーマット（様式）が存在しないため、別途、適宜の書面等によりマイナンバーの提供を受けることになります。

　これらが、対面で行われた場合には、本人確認書類の「提示」による本人確認が必要となります。

　以下、対面でマイナンバーの提供を受ける場合の本人確認について、事例を挙げてポイント等を解説します。

　なお、番号法上の本人確認は、番号確認と身元確認の二つの本人確認が必要となりますが、このことは第1章 **Q7** で詳しく解説しておりますので、そちらを参照ください。

事例1　マイナンバーカードの提示を受ける方法

　マイナンバーカードの提示による本人確認は最も簡易な本人確認手段です。

　マイナンバーカード1枚で番号法上の本人確認が実施できるため、事業者や提供する側の従業員、取引先にとっても最も負担の少ない方法と考えられます。

　具体的には、提供を受けたマイナンバー（扶養控除等申告書などに記載されたマイナンバー）と提示を受けたマイナンバーカードの裏面に記載されているマイナンバーとを照合し、番号確認を行います。

　また、マイナンバーカード表面の顔写真で身元確認を行います。

　なお、提示を受けたマイナンバーカードについて、事業者側でその写しの保存を行うことまでは番号法上義務付けられていませんが、事業者が、本人確認を行ったことの記録として、本人確認書類の写しの保管を行う場合には、マイナンバーの提供者にあらかじめ協力・同意を求めた上で実施することが望ましいと考えられます。また、保管に当たっては、番号法上の安全管理措置を適切に講ずる必要があります（このほか、第1章**Q10**「2　本人確認を行ったことの記録」も参照ください。）。

事例2　通知カード等と運転免許証等の写真付身分証明書の提示を受ける方法

　マイナンバーカードを持っていない方からマイナンバーの提供を受ける場合には、番号確認書類として、通知カード若しくはマイナンバーが記載された住民票の写し又は住民記載事項証明書[*10]が認められています。

*10　氏名、出生の年月日、男女の別、住所及び個人番号が記載されたものに限られます（番号令12一）。

　また、身元確認書類として、運転免許証やパスポートなどの顔写真付身分証明書が認められています。
　まず、通知カード等の提示を受けて、提供を受けたマイナンバーと通知カード等に記載のマイナンバーとを照合し番号確認を行います。
　次に、身元確認書類の顔写真で身元確認を行うこととなりますが、この場合、番号確認書類と身元確認書類が別々の書類ですので、これらの書類が同一の者に関する書類であることを確認するため、番号確認書類と身元確認書類のそれぞれに記載された個人識別事項（氏名及び住所又は生年月日）を照合する必要がありますの

で、本人確認の過程でこちらも忘れずに実施してください。

本人確認書類の写しを保管することについては、 事例1 と同様の留意が必要です。

(参考) 身元確認書類として認められる写真付身分証明書
　　○運転免許証
　　○運転経歴証明書（交付年月日が平成24年4月1日以降のもの）
　　○旅券（パスポート）
　　○身体障害者手帳
　　○精神障害者保健福祉手帳
　　○療育手帳
　　○在留カード
　　○特別永住者証明書
　　○国税庁告示1の書類（学生証（写真付）ほか）

事例3　通知カード等と写真表示のない書類の提示を受ける方法

　身元確認書類については、通知カード等の番号確認書類との組み合わせとして、事例2 の写真付身分証明書の提示が原則となります

が、こうした写真付の身分証明書をお持ちでない方もいるのではないかと考えられます。

　このため、番号法では写真付身分証明書の提示を受けることが困難であると認められる場合には、健康保険証などの写真表示のない書類の２種類以上の提示を受けることにより身元確認を行うことが認められています。

　この例では、健康保険証と印鑑登録証明書の２つの書類の提示により身元確認を行っています。

　これらの書類は、 事例2 と同様、通知カード等の番号確認書類とは別の書類になりますので、通知カード等に記載された個人識別事項とこれらの写真表示のない書類の個人識別事項を照合する必要があります。

　また、本人確認書類の写しを保管することについては、 事例1 と同様の留意が必要です。

(参考)　身元確認書類として認められる写真表示のない書類
　　○国民健康保険、健康保険、船員保険、後期高齢者医療若しくは介護保険の被保険者証
　　○健康保険日雇特例被保険者手帳
　　○国家公務員共済組合若しくは地方公務員共済組合の組合員証
　　○私立学校教職員共済制度の加入者証
　　○国民年金手帳
　　○児童扶養手当証書又は特別児童扶養手当証書
　　○国税庁告示２の書類（印鑑登録証明書　ほか）

8 郵送による本人確認方法（プレ印字した書類の返送による方法）

従業員や顧客から郵送でマイナンバーの提供を受ける場合の本人確認方法について教えてください。

本人確認書類の写しの提出を求めることとなります。

1 書面の送付によりマイナンバーの提供を受ける場合の本人確認

番号法施行規則において、書面の送付によりマイナンバーの提供を受ける場合の本人確認の措置が規定されています（番号規11）。

基本的には、本章**Q7**で説明した本人確認方法で使用する本人確認書類の写しの提出を受けることとなります。

2 提出を受ける本人確認書類の写し

1 番号確認書類の写し

提出を受ける必要がある番号確認書類は、以下のいずれかの写しです。

> ① マイナンバーカード（裏面）
> ② 通知カード
> ③ マイナンバーの記載された住民票の写し
> ④ 氏名、出生の年月日、男女の別、住所及びマイナンバーが記載された住民票記載事項証明書

以下、それぞれの番号確認書類の写しが提出された場合の取扱いについて説明します。

❶ マイナンバーカード

マイナンバーカードについては、裏面にマイナンバーと氏名及び生年月日が記載されていますので、番号確認書類の写しとしては、マイナンバーカードの裏面の写しが必要ということになります。

番号法では、マイナンバーカードを本人確認書類として使用することを規定していますが、マイナンバーカードの裏面のみを番号確認書類として単独で使用できるか明確でないことから、国税庁告示において「官公署又は個人番号利用事務等実施者が発行又は発給をした書類で個人番号及び個人識別事項の記載があるもの」と規定し、国税庁ホームページにおいてその具体例として「マイナンバーカード（個人番号カード）（裏面）」を示しています。

このため、マイナンバーカードの裏面とマイナンバーカード以外の身分証明書の組み合わせによる本人確認も可能となっています。

ただし、例えば、婚姻により名字が変わった場合など裏面の写しのみでは現在の氏名を確認することができないケースがあることに留意が必要です[*11]。このため、実務においては、本人確認書類としてマイナンバーカードの写しを求める場合には、マイナンバーカードの両面の写しの送付を依頼すればよいでしょう。

*11 「引越など、券面に記載されている情報が変更になった場合、通知カード又はマイナンバーカードを市区町村にて、カードの記載内容を変更してもらわなければなりません。変更内容については、追記欄に裏書を致します。」（地方公共団体情報システム機構：マイナンバーカード総合サイト「よくある質問」「**Q30** マイナンバーカードの記載内容に変更があったときは、どうすれば良いですか？」より引用）

❷ 通知カード

通知カードについては、表面にマイナンバーのほか、氏名、住所、生年月日及び性別が記載されていますので、番号確認書類の写しとしては、通知カードの表面の写しが必要ということになります。

ただし、例えば、婚姻により名字が変わった場合や住所が変わった場合には、通知カードの裏面に変更後の氏名・住所が記載されるため、通知カードの表面のみでは、身元確認書類との個人識別事項の照合が行えないケースがあることに留意する必要があります。このため、番号確認書類として通知カードの写しを求める場合には、住所等の変更があった場合は、裏面の写しも送付するようあらかじめ依頼すればよいでしょう。

❸ **住民票の写し又は住民票記載事項証明書**

住民票の写し又は住民票記載事項証明書は、市町村で発行されるものですので、そのまま郵送で提出を受けても差し支えありません。

住民票の写し及び住民票記載事項証明書は、交付を受けた時点の情報が記載されていますので、交付後に名字や住所が変更されることも考えられます。実務においては、マイナンバーを提供する時点の氏名や住所が記載された住民票の写し又は住民票記載事項証明書を提出するよう依頼すればよいでしょう。

2 身元確認書類の写し

提出を受ける必要がある身元確認書類は、以下の①のうちいずれかの写し又は②のうちいずれか二つの書類の写しです。

> ① マイナンバーカード、運転免許証、運転経歴証明書、パスポート、在留カード、特別永住者証明書などの写真付身分証明書
> ② ①の提示が困難な場合は健康保険被保険者証、年金手帳などの写真表示のない身分証明書

身元確認書類の種類については本章 **Q7** を参照してください。

この身元確認書類の写しについては、マイナンバーカードを除き、番号確認書類と同一の者に関する書類であることを確認するため、番号確認書類と同一の個人識別事項が記載されている部分が必要となります。

　なお、有効期限が定められている書類の場合は、提出を求める写しにその書類の発行、交付年月日が表示されている必要がありますのでご留意ください。

　これらの書類の写しを作成する場合には、原本と同じサイズで写しを求める必要はなく、個人識別事項など必要な事項が判読できるのであれば、サイズを縮小することも、逆に確認しやすいよう拡大したものの提出を求めても差し支えありません。

事例4　本人確認書類の写しの郵送による本人確認

　この事例は、遠方に居住する作家に原稿の作成を依頼し、支払った原稿料に係る支払調書を作成するために、作家のマイナンバーの提供を受けるため、通知カードと運転免許証の写しを郵送してもら

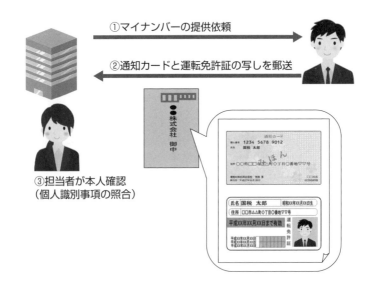

8 郵送による本人確認方法（プレ印字した書類の返送による方法）

うことで本人確認を行う方法となります。
【ポイント】
- マイナンバーの提供を受けるとともに、支払者において本人確認を実施できるようマイナンバーカードの写し又は通知カードと運転免許証などの写真付身分証明書の写しの提出を依頼します。
　このとき、記載事項に変更がある場合には、変更内容が記載された部分も写しを送付するよう依頼します（例えば、運転免許証の裏面に現住所が記載されている場合には、表面だけでなく裏面の写しの送付を依頼することになります。）。
- 写真付身分証明書をお持ちでない方のために、健康保険証や年金手帳などの写真表示のない身分証明書二つ以上の写しでもよいことも示します。
- マイナンバーの提供を求められた方は、本人確認書類の写し（上記の例では通知カードと運転免許証）を支払者に郵送します。
　なお、マイナンバーを含む書類を郵送することから、簡易書留の使用も検討したほうがよいでしょう。
- 本人確認書類の写しの提出を受けた支払者では、提供を受けたマイナンバーと通知カードに記載されたマイナンバーを照合し、番号確認を行うとともに、個人識別事項を照合した上で、運転免許証による身元確認を行います。
- 提出を受けた本人確認書類の写しについては、保管が義務付けられていません。なお、写しを保管する場合には、安全管理措置を適切に講ずる必要があります。

3 身元確認書類の写しの提出に代わる方法

郵送により番号法上の本人確認を行うためには、上記2①の番号確認書類の写しと上記2②の身元確認書類の写しの提出を受け

る必要がありますが、身元確認について、身元確認書類の写しの提出に代わる方法が国税庁告示で示されています。

　国税庁告示では、身元確認書類の写しの提出に代わる方法として「個人番号利用事務等実施者が過去に本人であることの確認を行った上で個人識別事項を印字した書類であって、本人に対して交付又は送付したもの（当該書類を使用して当該個人番号利用事務等実施者に対して提出する場合に限る。）」と規定し、国税庁ホームページにおいてその具体例として「個人番号関係事務実施者から送付される個人識別事項（氏名及び住所又は生年月日）がプレ印字された書類」と示しています。

　このため、個人番号関係事務実施者が個人識別事項を予め印字（プレ印字）した書類を送付し、これに番号確認書類の写しを添付したものを返送してもらうことで、本人確認が可能となります。

　この方法（以下、この章において「プレ印字による方法」といいます。）について、平成27年1月30日に国税庁告示を定めた当時では、「個人番号利用事務等実施者が個人識別事項を印字した上で本人に交付又は送付した書類で、当該個人番号利用事務等実施者に対して当該書類を使用して提出する場合における当該書類」と規定しており、現在規定されている「個人番号利用事務等実施者が過去に本人であることの確認を行った上で」という条件は明記されていませんでした。

　これは、「顧客の氏名、住所、生年月日を印字した用紙を交付するに当たっては、現に手続を行っている者が本人に相違ないことについて、企業等において、既に確認ができているものと想定されることから、当該書類による確認を認め[12]」たものであり、制定当初から本人確認を行った上でこのプレ印字による方法を採用するものとされていました。

＊12　平成27年1月30日公表　国税庁「『行政手続における特定の個人を識別するた

8　郵送による本人確認方法（プレ印字した書類の返送による方法）

めの番号の利用等に関する法律施行規則に基づく国税関係手続に係る個人番号利用事務実施者が適当と認める書類等を定める件（案）』に対する意見募集の結果について」の「パブコメの結果の概要」のNo.36及びNo.38の御意見に対する考え方

　しかし、一部において、身元確認が不要であるといった誤った認識が示される事例があったことから、平成28年5月25日に国税庁告示が改正され、この条件が明記されました。

　一般的には、プレ印字による方法を行う場合には、その送付先についてすでに過去に本人確認を行っていることが想定されますので、実務上、大きな影響があるものではないと考えられますが、影響がある企業などでは改めて本人確認措置の方法を検討する必要があります。

　このプレ印字による方法でもう一つ重要なポイントがあります。それは、マイナンバーの提供を求められた方は、個人番号利用事務等実施者から送付された個人識別事項が印刷された書類をそのまま使用し、その書類に番号確認書類の写しを添付して送付する必要があるということです。簡単にいえば、送付した書類に番号確認書類の写しを貼って返送するということですが、例えば、送付した書類と番号確認書類の写しを同封する、送付した書類を窓口に持参して番号確認書類を対面で提示する方法も認められます。送付した書類と番号確認書類がセットになっているということが重要です。

　なお、個人番号利用事務等実施者が過去に本人確認を行った上で印刷した本人の個人識別事項と提出を受けた番号確認書類の写しの個人識別事項が一致しない場合は番号法上の本人確認を行うことができないことに留意が必要です。

（参考）　実務においては、個人番号利用事務等実施者が、個別識別事項を印刷した書面を送付しようとする際に、印刷汚れや封入時における破損など、個人識別事項を

95

印刷した書類をそのまま使用できなくなるケースがあり、再度印刷することなく、手書きで個人識別事項を記載して送付する場合も考えられます。個人識別事項は印刷されていることが原則ですが、個人番号利用事務等実施者がその顧客に対して送付した書類が返送されたことが分かる措置として、例えば、送付する書類に一連番号を記載し、返送された書類の一連番号をもとに送付対象者一覧などの個人識別事項を確認することができる場合には、個人識別事項を印字したものとして取り扱って差し支えないこととされています。

　また、プレ印字による方法により番号確認書類の写しの提出を受ける場合でも、上記2①❸のとおりマイナンバーカードや通知カードの氏名に変更があった場合には、変更について記載された面の写しも必要であることを依頼することを忘れないようにすることも必要です。これは、本人確認のほか、特定個人情報ファイルを最新の状態に保つ観点からも必要となるものです（詳しくは本章**Q9**を参照）。

事例5　マイナンバーの提供を依頼する書類を活用した本人確認（プレ印字による方法）

　プレ印字による方法を活用した事例を紹介します。

　事業者が継続して取引を行っている顧客からマイナンバーの提供を受ける場合に、顧客に対して個人識別事項を印字したマイナンバーの提供を依頼する書類を送付し、顧客がその書類に通知カードやマイナンバーカードの裏面（通知カード等）の写しを貼付して返送する方法となります。

8 郵送による本人確認方法（プレ印字した書類の返送による方法）

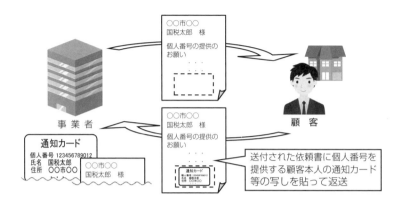

【ポイント】
- この方法により身元確認を行うことができるのは、マイナンバーの提供依頼書類を送付するまでに、送付する相手方が本人に相違ないことの確認（身分証明書の提示等など、番号法上の身元確認と同等の本人確認）を事業者が行っている場合に限られます。
- 依頼書類に、顧客が通知カード等の写しを貼付して返送することで、通知カード等の写しで番号確認を行うとともに、依頼書類に印字した個人識別事項と貼付されている通知カード等の写しの個人識別事項が同一であることを確認することにより、身元確認を行います。
- 個人番号利用事務等実施者が送付した書類をそのまま使用し、番号確認書類の写しとともに返送される必要があります。
- 個人識別事項を印字した個人番号の提供依頼書類を事業者の窓口に直接持参し、通知カードを提示するという方法も認められています。

9 プレ印字と番号確認書類の記載内容に差異がある場合

Q 本章Q8の3に記載の「プレ印字による方法」を採用した場合において、プレ印字した内容と番号確認書類に記載された住所・氏名が異なっている場合には、番号法上の本人確認を行ったことにはならないのでしょうか。

A 原則として、番号確認書類の写しの住所・氏名とプレ印字した住所・氏名が異なるときは、別途、番号確認書類の写しに記載された住所・氏名が確認できる身元確認書類が必要です。

1 変更される可能性のある個人識別事項

　本章 **Q8** の3のプレ印字による方法により番号確認書類の写しの提出を受け、個人識別事項の照合を行った際に、個人識別事項を印刷して送付した書類の個人識別事項と提出を受けた番号確認書類の個人識別事項が異なる場合があります。
　具体的には転居や婚姻等により住所や氏名が異なる場合です。

2 プレ印字と異なる場合のパターン

　個人識別事項を印刷して送付した書類の個人識別事項と提出を受けた番号確認書類の個人識別事項が異なる場合は、①印刷した個人識別事項が古いか、②提出された番号確認書類の写しの個人識別事項が古いかの2パターンがあります。

3 印字した個人識別事項が古い場合

　プレ印字による方法においては、個人番号利用事務等実施者が過去に本人確認を行った際に把握した氏名・住所等の個人識別事項に基づき、プレ印字した書類を送付することが多いと考えます。

　このため、婚姻などにより氏名が変更となり、番号確認書類の写しの個人識別事項に新しい氏名のみが記載されていた場合や転居などにより新しい住所のみが記載されている場合、番号法の本人確認が実施できませんので、番号確認書類に記載されている個人識別事項と一致している身元確認書類の提出を依頼する必要があります。

　ただし、マイナンバーカードや通知カード自体は古い氏名や住所で交付されており、氏名などの変更について記載された面（マイナンバーカードでは表面、通知カードでは裏面）の写しも提出された場合には、変更前の氏名が確認できますので、過去に本人確認を行った上で印刷した本人の個人識別事項と照合することが可能です。照合した結果、印刷した個人識別事項と変更前の氏名と住所又は生年月日が一致すれば、本人確認ができます。

　この場合、個人番号利用事務等実施者が管理している特定個人情報ファイルに記録された個人識別事項の情報を、提供を受けた番号確認書類の写しに記載された新しい個人識別事項に更新し、特定個人情報ファイルを最新の状態に保つことが重要です。特定個人情報ファイルの内容の正確性の確保については番号法には規定がありませんが、一般法である個人情報保護法19条のデータ内容の正確性の確保等の規定に従い、個人データを正確かつ最新の内容に保つよう努める必要があります。

4 印字した個人識別事項が新しい場合

　過去に本人であることの確認を行った上で個人識別事項を印字した書類と異なる住所・氏名が記載された番号確認書類の写しが送付された場合には、上記3のように、印字した情報から変更されたと考えるのが通常ではないでしょうか。
　しかし、実際には、印字した個人識別事項は最新のものであり、マイナンバーカードや通知カード自体は古い氏名や住所で交付されている場合も考えられます。

　このため、プレ印字書類を送付して番号確認書類の提出を依頼する際には、プレ印字された住所・氏名が最新のものであるの場合には、番号確認書類に記載された住所や氏名がプレ印字された住所・氏名と同一の内容となっているかを確認した上で送付するよう注意喚起しておく必要があります。仮に、プレ印字された住所・氏名と異なるものが記載された番号確認書類が提出された場合には、再度、番号確認書類の記載事項に変更がないか確認を求め、変更がある場合には変更事項を記載した面の写しを送付するよう依頼する必要があります。

〈【例】氏名、住所の組み合わせと本人確認〉

プレ印字	番号確認書類		本人確認
	個人識別事項の印字面	変更情報の記載面	
変更前の情報	変更前の情報	変更後の情報	可※
	変更後の情報	提出なし	不可
変更後の情報	変更前の情報	変更後の情報	可
	変更前の情報	提出なし	不可

※　特定個人情報ファイルを変更後の情報に変更する必要があります。

10 社員カードに格納されている情報の利用

Q 当社では社員カードの IC チップに従業員情報を格納していますが、これを番号法上の本人確認に利用することはできますか。

A IC チップの読み取り時に暗証番号などによる認証が行われるのであれば、番号法上の本人確認に利用できます。

1 国税庁告示の考え方

　企業が社員に交付する社員証には、写真の表示のあるものや IC チップを搭載しているものなど様々なものがあります。

　この社員証は、法令上の作成義務はありませんが、企業では一般的に情報セキュリティの観点で作成されていると考えられます。

　したがって、企業が社員証を作成し、社員に交付するということは、その社員証を作成した企業が社員の身分を証明するものであり、その前提として、本人確認が実施されていると考えられます。

　すなわち、企業が発行した社員証を保有している者は、企業により本人確認が行われた者としてとらえることができるものと考えられます。ただし、社員証を紛失し、他の者が拾得した場合には、他者が成りすましを行うことができるため、社員証のみでは番号法上の本人確認を行うことができません。

　このため、国税庁告示では、「規則第 1 条第 1 項第 3 号ロに規定する個人番号利用事務等実施者（以下「個人番号利用事務等実施者」という。）が発行した書類であって識別符号又は暗証符号等に

よる認証により当該書類に電磁的方法により記録された個人識別事項を認識できるもの（提示時において有効なものに限る。）」と規定し、国税庁ホームページにおいては、その具体例として「カード等に電子的に記録された個人識別事項（氏名及び住所又は生年月日）を下記の方法により、提供を受ける者の端末等に表示させることによる確認」として暗証番号による認証などを例示しています。

2 カード等に電子的に記録された個人識別事項

国税庁告示に示されている要件として、まず、「カード等に電子的に記録された個人識別事項」とあります。

「カード等」というのは、ICカードのようなものでなくても電子的に記録されていれば媒体は問わないこととなりますので、携帯電話を社員の認証に使用している場合などでも構いません。

また、個人識別事項が「電子的に記録」されていればよいことから、質問のようなICチップに限らず、磁気テープ部分への情報格納といった方法も可能と考えられます。

3 提供を受ける者の端末等に表示させる方法

国税庁告示に示されている二つめの要件として、「下記の方法により、提供を受ける者の端末等に表示させる」とあります。

下記の方法とは以下のものです。

- 暗証番号による認証
- 生体認証
- 2次元バーコードの読取り

したがって、上記2のとおりカード等に記録されている情報が3

つのうち、いずれかの認証を行わずに単純にカードリーダなどを通じて端末等に表示される場合は、この要件を満たしていないこととなります。

これは、国税庁告示で規定する電磁的方法により記録された個人識別事項を認識する方法が、対面での本人確認が実施できない場合に利用されることを想定した上で、カード等を紛失した場合にそのカード等の拾得者による成りすましを防止するために、暗証番号などの追加的な認証を要求しているものです。

事例6　社員カードのICチップを利用した身元確認

社員カードに格納されている情報を利用した身元確認の事例を紹介します。

事業者が従業員から個人番号の提供を受ける場合に、社員カードのICチップに格納されている氏名及び生年月日を読み取り身元（実在）確認する方法となります。

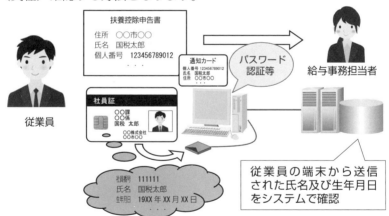

【ポイント】
● 従業員に交付している社員証のICチップに格納された個人識別事項（例では氏名及び生年月日）を読み取ることにより、身元

確認をします。この場合、従業員の採用時など社員証の交付までに番号法で定めるもの又は国税庁告示で定めるものと同程度の身元確認書類（運転免許証、旅券等）による確認を行っていることを前提としています。
- ICチップの読み取り時に、暗証番号などの追加的な認証が必要となります。
- なお、番号確認については、通知カードの提示等を受けて確認する必要があります。

11 「知覚」による身元確認

Q 従業員や取引先からマイナンバーの提供を受ける場合にも毎回本人確認書類の提示を受けて本人確認を行う必要があるのですか。

A 従業員や継続的な取引関係のある取引先などについては、毎回必ず本人確認書類の提示を受けなければならないというわけではありません。
例えば、一定の要件の下、従業員等を知覚することにより、身元確認書類の提出を省略することができます。

1 知覚による身元確認

番号法施行規則3条5項では、「本人から個人番号の提供を受ける場合であって、その者と雇用関係にあることその他の事情を勘案し、」「(中略)特定の個人と同一の者であることが明らかであると個人番号利用事務実施者が認める場合には、」身元確認「書類の提示を受けることを要しない。」と規定されています。

この方法を、知覚による身元確認といいます。

知覚による身元確認が可能となる要件については、国税庁告示で示されています。

国税庁告示では、①「雇用契約成立時等に本人であることの確認を行っている雇用関係その他これに準ずる関係にある者であって、知覚すること等により、個人番号の提供を行う者が通知カード若しくは令第12条第1項第1号に掲げる書類に記載されている個人識

別事項又は規則第3条第1項各号に掲げる措置により確認される個人識別事項により識別される特定の個人と同一の者であること（以下「個人番号の提供を行う者が本人であること」という。）が明らかな場合」、②「所得税法に規定する控除対象配偶者又は扶養親族その他の親族であって、知覚すること等により、個人番号の提供を行う者が本人であることが明らかな場合」及び③「過去に本人であることの確認を行っている同一の者から継続して個人番号の提供を受ける場合で、知覚すること等により、個人番号の提供を行う者が本人であることが明らかな場合」と規定しています。国税庁ホームページにおいて、「知覚する」とは「その者を対面で確認することによって本人であることが確認できる場合」と示されています[13]。

[13] 国税庁告示の「規則第3条第5項」の項の「個人識別事項により識別される特定の個人と同一の者であることが明らかであると個人番号利用事務実施者が認める場合」について、例示8-1から8-3により示されています。

つまり、知覚とは、対面で見れば本人であると認識できる、見て確認するということです。

2 知覚による身元確認の趣旨

国税庁告示では、番号法施行規則3条5項の「同一の者であることが明らか」な場合を知覚によることに限定しています。

これは、番号法施行規則制定時に内閣府が実施したパブリックコメントについて寄せられた意見に対し、内閣府が示した考え方[14]に基づいて規定しているためです。

[14] 平成26年7月5日内閣府大臣官房番号制度担当室、内閣官房社会保障改革担当室公表「「行政手続における特定の個人を識別するための番号の利用等に関する法律施行規則（仮称）案」に関する意見募集（パブリックコメント）の結果について」の別添1

内閣府では、「例えば、事業主が従業員から個人番号の提供を受けることとなる場合に、従業員の入社時等にその者の身元の確認を

行っており、当該従業員が本人に相違ないことは当該者を知覚すれば明らかな場合が容易に想定され、そうした場合にまで、個人番号の提供を受ける都度、身元確認のための書類の提示を求めることは、事業主に過大な負担となる恐れがあることから、そのような場合には、令第12条第1項第2号に掲げる書類の提示は要しない旨を規定しているものです。」という考え方を示しています。これは、既に身元確認を終えている場合、その人を見れば本人であることが判断できる場合にまで身元確認書類の提示を求める必要はない、そのような事務負担を強いるべきではないという考え方に基づいたものと思われます。

このため、過去に身元確認を行い、かつ、継続した関係性のある場合には、身元確認書類を省略することとしたものです。

3 知覚による身元確認の対象となる者

1 雇用契約成立時等に本人であることの確認を行っている雇用関係その他これに準ずる関係にある者

従業員のほか、法人とその法人の役員などが考えられます。

また、派遣社員のように派遣先企業とは直接雇用関係が発生していない場合であっても、雇用関係に準ずる関係にあると考えられます。

知覚による身元確認を行う場合には、その前提として既に「本人であることの確認」を行っている必要がありますが、その「本人であることの確認」は、番号法や税法で定めるもの、国税庁告示で定めるものと同程度の身元確認書類による確認を行う必要があります。

雇用契約締結時に運転免許証などで、その身元を確認しているのであれば、「本人であることの確認」が行えているといえます。例

えば、30年前に雇用した社員であっても、採用当時にこのような本人確認を行っているのであれば、本人であることの確認を了していることとなります。しかし、履歴書の提出のみで雇用契約を締結し、その後においても番号法や税法で定めるもの、国税庁告示で定めるものと同程度の身元確認書類による確認を行っていない場合には、その方から最初にマイナンバーの提供を受ける際に番号法上の本人確認を実施することで、次回以降、知覚による身元確認を行うことができます。

会社が従業員のマイナンバーの提供を受けるときに知覚による身元確認を行う場合は、過去にその従業員の本人確認を実施した人以外の人でも、また、その従業員と異なる部署に勤務する者でも、その従業員を知覚できる人が知覚することができれば知覚による身元確認を実施したことになります。

また、知覚による身元確認は対面により行うものですので、例えば、「全社員一覧表（顔写真付）」のようなリストを持ち、対面した者をそのリストで確認するという方法は、対面により知覚したとはいえません[15]。

[15] 平成27年1月30日公表　国税庁「「行政手続における特定の個人を識別するための番号の利用等に関する法律施行規則に基づく国税関係手続に係る個人番号利用事務実施者が適当と認める書類等を定める件（案）」に対する意見募集の結果について」の「パブコメの結果の概要」のNo.40の御意見に対する考え方

2　所得税法に規定する控除対象配偶者又は扶養親族その他の親族

従業員が扶養控除等申告書を記載するため、従業員が個人番号関係事務実施者として扶養親族等のマイナンバーの提供を受けることについては本章 **Q3** で説明したところですが、このとき、従業員は扶養親族等から直接マイナンバーの提供を受けることになりますので、番号法上の本人確認を行う必要があります。この場合におい

て、例えば、配偶者に対し、「番号法でマイナンバーの提供を受けるときは番号確認書類と身元確認書類が必要なので、通知カードと運転免許証を見せてほしい。」と、配偶者の身元確認のための書類の提示を求めるのは現実的ではありません。

したがって、配偶者や扶養親族に関しては、知覚による身元確認が可能となっています。

3 過去に本人であることの確認を行っている同一の者から継続して個人番号の提供を受ける場合

雇用契約がない場合であっても、同一の者と継続して取引を行っている場合には、同様に知覚による身元確認が認められています。

「20年にわたって取引してきたにもかかわらず、今更、身元確認書類を提出しろとは何事だ。」と言われても困ってしまいます。

このように、事業者が個人の方と継続的に取引する関係としては、例えば、税理士と顧客との関係が考えられます。顧客が税理士に対して支払った報酬に係る支払調書を作成するために税理士からマイナンバーの提供を受けた場合には、身元確認書類の提供を受けることなく、知覚による身元確認が可能です。ただし、それ以前に本人であることの確認を行っていることが必要です。

この「同一の者から継続して」については、例えば、同じ講師に対して毎年契約をして、年に1回講演を依頼する場合等も、「同一の者から継続して個人番号の提供を受ける場合」に該当します[*16]。

*16 平成27年1月30日公表 国税庁「「行政手続における特定の個人を識別するための番号の利用等に関する法律施行規則に基づく国税関係手続に係る個人番号利用事務実施者が適当と認める書類等を定める件(案)」に対する意見募集の結果について」の「パブコメの結果の概要」のNo15の御意見に対する考え方

しかし、相手方が本人ではなく、代理人である場合は、知覚による身元確認は認められません。これは、代理人を知覚できたとしても、その代理人が代理権を有しているかは知覚では判別できないか

らです。したがって、代理人からマイナンバーの提供を受ける場合には、委任状や本人の番号確認書類とともに代理人の身元確認書類の提示を求める必要があります。

事例7　企業において従業員からマイナンバーの提供を受ける際に行う知覚による身元確認

　企業における、知覚による身元確認の一例を紹介します。

　企業において、従業員に係る特定個人情報ファイルを作成するため、従業員のマイナンバーを収集する場合に、とりまとめ担当者が知覚による身元確認を行う方法となります。

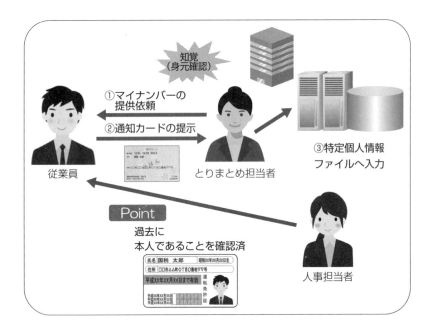

【ポイント】
● 日頃から従業員と同じ部署で仕事をしているとりまとめ担当者は、従業員を「知覚」（見て判断）することにより本人に相違な

いことが判断できますので、身元確認書類の提示を求める必要はありません。
● 従業員の身元確認書類の提示を不要とするためには、採用時などに番号法や税法で定めるもの又は国税庁告示で定めるものと同程度の身元確認書類（運転免許証や写真付資格証明書等）による確認を行っている必要があります。この例では、人事担当者が過去に運転免許証で従業員が国税太郎であることを確認しています。
● とりまとめ担当者は、提示を受けた番号確認書類の内容を特定個人情報ファイルに入力します。

　2回目以降の番号確認は、従業員からマイナンバーカードや通知カードの提供を受けることが困難であれば、特定個人情報ファイルの記録と照合する方法でも構いません。詳しくは、114頁「参考　特定個人情報ファイルによる番号確認」をご参照ください。

| 事例8 | 従業員が従業員の家族からマイナンバーの提供を受ける際に行う知覚による身元確認 |

家族間の知覚による身元確認を事例で紹介します。

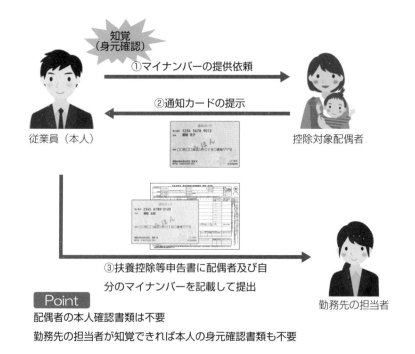

Point
配偶者の本人確認書類は不要
勤務先の担当者が知覚できれば本人の身元確認書類も不要

【ポイント】
● 従業員は、自宅で控除対象配偶者に対し、扶養控除等申告書にマイナンバーを記載する必要があることを説明し、配偶者から通知カードの提示を受けます。
● 従業員は、配偶者を「知覚」(見て判断)することにより本人に相違ないことが判断できますので、配偶者から身元確認書類の提示を求める必要はありません。
● なお、従業員本人と同一の世帯に属する者のマイナンバーにつ

いては、収集・保管しておくことが認められていますので、一度提供を受けたマイナンバーを従業員本人が管理・保管していれば、翌年分の扶養控除等申告書を記載する際や確定申告書を提出する際に、改めて配偶者からマイナンバーの提供を受けることなく、保管している配偶者のマイナンバーを利用して扶養控除等申告書に記載することができます。

第2章　国税分野における番号法に基づく本人確認

参考　特定個人情報ファイルによる番号確認

　マイナンバーの提供が対面や郵送で行われる場合における番号確認について、通知カード等原則的な番号確認書類の提示等が困難な場合には、提供を受けたマイナンバーにつき、過去に本人確認を行った上で作成している特定個人情報ファイルとの照合による番号確認が認められています。

　参考として、事例により、ポイント等を紹介します。

　従業員からマイナンバーカードや通知カードの提供を受けることが困難な場合に、過去にマイナンバーを取得した際に本人確認を行った上で作成した特定個人情報ファイルの記録と照合する方法となります[*17]。

*17　内閣官房「マイナンバー社会保障・税番号制度」ホームページよくある質問（FAQ）Q4-3-4参照

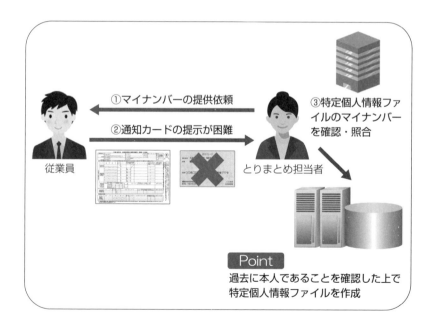

11 「知覚」による身元確認

【ポイント】
● 従業員が扶養控除等申告書の提出の際に、従業員からマイナンバーカードや通知カードの提供を受けることが困難な場合に、特定個人情報ファイルに記録しているその従業員のマイナンバーなどの情報を確認し、照合します。

● 「困難な場合」とは、個々の事例において、個人番号利用事務等実施者（この場合は給与の支払先である会社。）がその都度判断するものとされており、一概に「このような場合が困難な場合に該当する。」と示すことはできません[18]。

　しかし、例えばマイナンバーを記載して提出しなければならない書類の提出期限が目前に迫っており、番号確認書類がどこにあるか見つけられず、時間的にも住民票の写しの交付を受けることができないような場合は、困難な場合に該当すると考えてよいでしょう。

[18] 平成26年7月5日内閣府大臣官房番号制度担当室、内閣官房社会保障改革担当室公表「「行政手続における特定の個人を識別するための番号の利用等に関する法律施行規則（仮称）案」に関する意見募集（パブリックコメント）の結果について」の別添1の60。ここでは、「例えば、申請者が単に書類を失念しただけのような場合には、一般的に考えて、「困難である」とは考えにくいと思われます。」と困難な場合に該当しないものの例示がなされている。

● 特定個人情報ファイルに記録しているマイナンバーの利用の例としては、支払調書にマイナンバーを記載する場面があります。報酬等の支払調書の提出義務者は、報酬等の支払先について番号法上の本人確認を行った上で作成された特定個人情報ファイルを利用することが認められており、2回目以降の法定調書の作成の際には、改めて報酬等の支払先にマイナンバーを記載することを説明する必要はありません[19]。

　一方、従業員から従業員本人のマイナンバーが記載された書類の提出を受ける場合、その提供の都度本人確認を行うことが必要ですので、2回目以降の提供であるという理由のみで特定個人情

報ファイルによる番号確認を行うことはできず、「困難な場合」にのみ特定個人情報ファイルでの番号確認が認められています。

＊19 「特定個人情報の適正な取扱いに関するガイドライン（事業者編）」（特定個人情報保護委員会告示第5号（最終改正：平成27年特定個人情報保護委員会告示第7号））第4－1－(1)個人番号の利用制限①Baの「〈講師との間で講演契約を再度締結した場合〉」参照

12 本人確認を行う部署

Q 当社は全国に多くの支店を有していますが、従業員からマイナンバーの提供を受ける場合には、必ず本社で本人確認を行わなければならないのですか。

A 全国に支店を有するような場合に、従業員の本人確認を必ず本社で行わなければならないということはありません。

　全国に支店を有するような場合において、従業員の本人確認を必ず本社で行わなければならないということはありません。

　なお、本社で本人確認を行わない場合には、いずれの部署で本人確認を行うかについては各社が講ずる安全管理措置（組織的安全管理措置・人的安全管理措置等）に応じて判断していただくことになりますが、例えば次のような方法が考えられます。

① 支店等に勤務する従業員についても、本社に本人確認書類の写しを送付するなどして、本社で一括して本人確認を行う方法

② 支店等の責任者や各部署の総務担当者をマイナンバーの取扱者とし、その支店等又は各部署に勤務する従業員のマイナンバーの収集の取りまとめを行わせ、その取扱者に本人確認を行わせる方法

13 マイナンバー収集業務の委託に伴う本人確認

Q マイナンバー収集業務を外部に委託した場合に、当該外部業者が知覚による本人確認を行うこととしてもよいでしょうか。

A 受託した外部業者がマイナンバーの提供者を知覚できる要件を満たしている場合には、知覚による身元確認を行うことは可能です。

1 知覚できる要件

　個人番号利用事務実施者又は個人番号関係事務実施者から、マイナンバーの収集業務の委託を受けた場合は、番号法上、その委託を受けた者（受託者）も個人番号利用事務実施者又は個人番号関係事務実施者に該当することになります（番号法2⑫⑬）ので、法令等の要件を満たせば受託者が「知覚」による身元確認を行うことは可能です。

　また、知覚による身元確認の対象となる者は雇用契約成立時等に本人であることの確認を行っている雇用関係その他これに準ずる関係にある者に限られます（本章 **Q11** 参照）。

　このため、委託者が過去に本人であることの確認を行っている雇用関係その他これに準ずる関係にある者について、受託者がその者を対面で確認することによって本人であることが確認できる場合には、知覚による身元確認が可能であると考えられます。

2 考えられるケース

1 派遣社員のマイナンバー収集を派遣先企業に委託する場合

　派遣会社が派遣社員の雇用契約成立時などに本人確認を実施しており、派遣先企業に対して当該派遣社員に係るマイナンバーの収集を委託する場合において、例えば、その派遣社員について、派遣会社と派遣先企業で情報を共有し、派遣会社が本人確認を行った者と同一であることを派遣先企業が確認できており、その派遣社員が継続的に勤務していれば、派遣先企業で知覚による身元確認ができると考えられます。

2 委託者が受託者の従業員に対しマイナンバーの提供を求める場合

　企業年金では母体企業の従業員が年金基金の加入者となっていますが、企業年金が加入者に対しマイナンバーの提供を求める際に、企業年金の母体企業にマイナンバーの収集を委託する場合が考えられます。

　あらかじめ利用範囲を明示しておく必要はあるものの、受託者である企業は、給与や社会保険などの事務のため、もともと従業員からマイナンバーの提供を受ける必要があることから、母体企業に委託することで効率的にマイナンバー収集及び本人確認を行うことができるのではないでしょうか。

　なお、企業年金が母体企業に委託を行わない場合、企業年金と母体企業がそれぞれ別の法人格を有していることから、母体企業は従業員の同意があった場合であっても、従業員のマイナンバーを企業年金に提供することはできません。

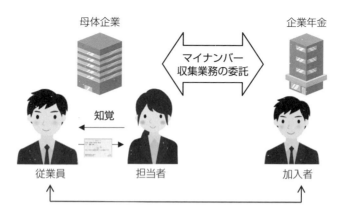

③ 同族会社の場合

　中小の同族会社では、親族が複数の法人の代表者や役員となっているケースも珍しくありません。

　しかし、法人格が異なる場合、番号法等で定められた場合を除き法人間ではマイナンバーを提供することはできません。このため、特定の1社に対して他の法人がマイナンバー収集業務の委託を行い、一つの法人でのみマイナンバー収集業務を行うという方法を採用することも考えられます。

　社長が親、専務が子という場合は、各社からマイナンバーの収集業務の受託を受けた会社で、親と子という親族関係にもとづいた知覚による身元確認を行い、収集したマイナンバーを委託した会社に引き渡すということになります。

　また、従業員も複数の法人に所属しているような場合には、親族関係の場合と同様に、各社からマイナンバーの収集業務の受託を受けた会社で知覚による身元確認が可能ですが、親族関係と異なり、過去に雇用契約成立時等に本人であることの確認を行っていることが必要になります（本章**Q113**①参照）。

13 マイナンバー収集業務の委託に伴う本人確認

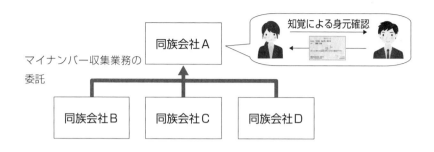

3 受託者による知覚による身元確認の採用の適否判断

　上記2①では考えられるケースとして、派遣先企業での知覚による身元確認を例示しました。

　例えば、ある1日のみ派遣される派遣社員がいたとします。この場合、知覚による身元確認を行うことが可能でしょうか。「今日1日勤務いただく○○さんです。」と紹介され、あるいは、派遣社員自ら自己紹介するという状況では、知覚による身元確認の要件を満たさないものと考えます。

　知覚による身元確認の趣旨は、既に身元確認を終えている場合、その人を見れば本人であることが判断できる場合にまで身元確認書類の提示を求める必要はない、そのような事務負担を強いるべきではないという考え方に基づいたものと思われます。

　この考え方を参考に、適正に番号法で求められている本人確認が担保できるかを考慮し、知覚による身元確認が可能かどうかを判断することが重要です。

14 イメージデータによる本人確認

Q 遠隔地に居住する講師等に報酬等を支払い、法定調書の提出が必要な場合に、電子メール等によりマイナンバーの提供を受ける場合は、どのように本人確認を行えばよいのですか。

A 遠隔地にお住まいの方の本人確認方法としては、本人確認書類の写しを郵送により提出を受ける方法のほか、マイナンバーカード（両面）のイメージデータの送信や、通知カードなどの番号確認書類及び運転免許証などの身元確認書類のイメージデータの送信により本人確認を行うことができます。

1 電子情報処理組織を使用して個人番号の提供を受ける場合の本人確認

　対面や郵送によりマイナンバーの提供を受ける場合の本人確認については、本章 **Q7** や **Q8** で説明したとおりですが、電子情報処理組織を使用してマイナンバーの提供を受ける場合（以下、本章において「電子的方法によるマイナンバー提供」といいます。）の本人確認方法は以下のように行うこととされています。

１　番号確認

　番号確認については、「官公署若しくは個人番号利用事務等実施者から発行され、若しくは発給された書類その他これに類する書類であって個人番号利用事務実施者が適当と認めるもの若しくはその

写しの提出を受けること又は個人番号利用事務実施者が適当と認める方法により当該書類に係る電磁的記録の送信を受けること」により行うことが認められています（番号規4二ロ）。

　国税関係の手続においては、国税庁告示により、前段の「個人番号利用事務実施者が適当と認めるもの」を定めており、マイナンバーカード、通知カード、マイナンバーの記載された住民票の写し等を規定しています。

　また、後段の「個人番号利用事務実施者が適当と認める方法」について、上記書類のイメージデータの送信を認めています。

　したがって、電子メール等によりマイナンバーの提供を受ける場合の番号確認については、通知カード等のイメージデータの送信により行うことができます。

2　身元確認

　身元確認については、「個人番号利用事務実施者が適当と認める方法により、当該電子情報処理組織に電気通信回線で接続した電子計算機を使用する者が当該提供を行う者であることを確認する」方法が認められています（番号規4二ニ）。

　国税関係の手続においては、国税庁告示により、「個人番号利用事務実施者が適当と認める方法」を定めており、「個人番号カード、運転免許証、旅券その他官公署又は個人番号利用事務等実施者から本人に対し一に限り発行され、又は発給をされた書類その他これに類する書類であって、個人識別事項の記載があるものの」のイメージデータの送信を認めています。

　したがって、電子メール等によりマイナンバーの提供を受ける場合の身元確認については、運転免許証等のイメージデータの送信により行うことができます。

　なお、この方法によるほか、署名用電子証明書により確認される

電子署名が行われた情報の提供を受ける方法や、一度本人であることを確認の上、発行したID・パスワードを用いて確認する方法(詳細は本章**Q15**を参照)なども認められています。

2 継続的な取引がある場合

　同一の方に継続して講演を依頼している場合など、提供を受けたマイナンバーをその後の法定調書作成のために使用することが予定されている場合には、取得したマイナンバーを保管することが可能であり、次回以降に法定調書を作成する場合には、そのマイナンバーを記載して提出することが可能ですので、その際は改めてマイナンバーの提供を受ける必要がなく、本人確認も実施する必要がありません。

　なお、法定調書を作成する取引の中には、取引の都度告知を行うことが必要なもの[20]もあり、そのような場合は、取引の都度マイナンバーの提供を受け、本人確認を実施する必要があります。

　また、過去に提供を受けたマイナンバーを用いて法定調書を作成する場合には、支払を受ける方に対してマイナンバーに変更がないか確認することが望ましいです。

＊20　国外送金又は国外からの送金等を受領する者は、それが特定送金又は特定受領に該当する場合を除き、マイナンバー等を記載した告知書をその国外送金等の際に金融機関に提出する必要があります。

15 ID・パスワードのログインによる本人確認

Q 当社ではID・パスワードでログインする顧客専用のインターネットサイトを提供しており、顧客からは同専用サイトを利用して、マイナンバーの提供を受けることとしています。この場合ID・パスワードでのログインをもって番号法上の本人確認を行ったものとすることは可能ですか。

A ご質問のような場合、使用するID・パスワードが、貴社がそのマイナンバーの提供を行う顧客について、一度運転免許証等で本人確認を実施した上で、発行されたものである場合には、そのID・パスワードでのログインをもって番号法上の身元確認を実施したものとすることができます。

なお、本人確認のうち番号確認については、通知カード等のイメージデータの送信などを受けて確認する必要があります。

1 番号確認

電子的方法によるマイナンバー提供の番号確認については、本章 **Q14** で説明したとおり、通知カードのイメージデータの送信により行うことが可能です。

また、「提供を受けるマイナンバー及びそのマイナンバーに係る個人識別事項（氏名及び生年月日又は住所）について、過去に本人又はその代理人からその提供を受けている、マイナンバー及び個人識別事項を確認して特定個人情報ファイルを作成している場合にはその特定個人情報ファイルに記録されている個人番号及び個人識別

事項を確認すること」により番号確認を行うことができるとされています（番号規4二イ、3①五）。

なお、114頁〔参考〕で紹介している、対面や郵送で行われる場合の特定個人情報ファイルとの照合による番号確認は、通知カード等の提示等が「困難な場合」に限られることに留意が必要です。

電子的方法によるマイナンバー提供においては、「困難な場合」でなくとも、特定個人情報ファイルとの照合による番号確認が認められています。

2 身元確認

電子的方法によるマイナンバー提供の身元確認については、本章**Q14**で説明したように、運転免許証等のイメージデータを送信する方法によって行うこともできますが、国税庁告示により、「個人番号関係事務実施者が本人であることの確認を行った上で本人に対して一に限り発行する識別符号及び暗証符号等により認証する方法」も認められています。

したがって、顧客専用のインターネットサイトにおいてID・パスワードを用いたログインを行った場合には、身元確認として認められますが、注意すべき点として、このID・パスワードは一度本人確認をした上で発行されたものである必要がありますので、本人確認を行わずに発行したID・パスワードによるログインでは身元確認として認められません。また、この方法による身元確認が認められるのは、ID・パスワードは個人番号関係事務実施者が発行した場合ですので、顧客が当初から任意で設定したID・パスワードによるログインは身元確認としては認められません。

ただし、一度発行したID・パスワードを顧客が変更したような場合において、変更後のID・パスワードによるログインがその顧

客のものであることがシステム上で判別できるような場合には、顧客が変更したID・パスワードによるログインであっても身元確認として認められます。

16 扶養控除等申告書の電磁的方法による提出を行う場合の本人確認

Q 当社では、現在給与所得者の扶養控除等申告書の電磁的方法による提出の承認を受け、従業員専用のID・パスワードでログインする社内LANにより給与所得者の扶養控除等申告書の提出を受けていますが、本人確認はどのように行えばよいですか。

A 従業員専用のID・パスワードでログインする社内LANにより給与所得者の扶養控除等申告書の提出を受けている場合、使用するID・パスワードが、貴社がその従業員の本人確認を実施した上で、発行されたものである場合には、そのID・パスワードでのログインをもって番号法上の身元確認を実施したものとすることができます。

また、番号確認については、通知カード等のイメージデータの送信などを受けて確認することもできますが、前年分以前の扶養控除等申告書などにおいて、従業員等のマイナンバーの提供を受けており、その際に本人確認を実施した上で、特定個人情報ファイル（個人番号をその内容に含む個人情報ファイル）を作成している場合には、その特定個人情報ファイルを確認することにより番号確認を実施することも可能です。

1 所得税法上の取扱い

扶養控除等申告書については、基本的に書面により提出することとされていますが、給与の支払者があらかじめ税務署長の承認を受

けている場合には、従業員は扶養控除等申告書の書面による提出に代えて、扶養控除等申告書に記載すべき事項を電磁的方法により提供することができることとされています（所法198②）。

なお、扶養控除等申告書を書面で提出する場合には、署名・押印が必要ですが、扶養控除等申告書に記載すべき事項を電磁的方法により提供する場合には、署名・押印に代えて、①申告書情報に電子署名を行い、その電子署名に係る電子証明書を申告書情報と併せて送信すること、又は②支払者から通知を受けた識別符号及び暗証符号を用いて送信することが必要となります。

2 ID・パスワード方式による身元確認

電子的方法によるマイナンバー提供の身元確認については、本章 **Q14** 及び **Q15** において説明したとおりですが、扶養控除等申告書を電磁的方法により送信する場合には、支払者から交付されたID・パスワードを使用して送信するか署名用電子証明書を送信していれば、原則的に番号法上の身元確認を行っているものと考えられます。

3 番号確認

番号確認については、**Q14** に記載の通知カード等のイメージデータの送信により行うことが可能ですが、扶養控除等申告書は毎年従業員から提出されるものであるため、過去に扶養控除等申告書の提出を受けた際に本人確認を実施しており、その情報に基づき、特定個人情報ファイルを作成している場合には、送信を受けた申告書情報に記録されたマイナンバーについては、その特定個人情報ファイルを確認することで、番号確認を行うことができます（**Q15** 参照）。

17 学生アルバイトを採用する場合の本人確認

Q 当社では一定の時期に大量の学生をアルバイトとして雇用します。特に高校生などは運転免許証などを持ち合わせていない者も多いと思いますが、扶養控除等申告書に係るマイナンバーの提供を受けた場合にどのような本人確認書類が認められますか。

A 従業員がマイナンバーカードを持っている場合には、マイナンバーカードのみで本人確認を行うことができますが、マイナンバーカードを持っていない場合には、通知カードなどの番号確認書類に加え、運転免許証などの身元確認書類が必要となります。

学生の場合は、運転免許証などの公的身分証明書を持っていない方も多いと思われますが、そのような場合は、写真付きの学生証などでも身元確認を行うことが可能です。

なお、学生証に写真が付いてない場合は、学生証一枚では身元確認を実施できないため、健康保険証など他の書類が必要となることに注意が必要です。

また、学生等を短期間（1か月間など）採用する場合に、給与の算定方式や支給金額によって、マイナンバーの取得が必要ない場合もありますので注意が必要です。

1 身元確認書類

番号の提供を行う方がマイナンバーカードを持っている場合には、マイナンバーカード1枚で番号確認及び身元確認を行うことができますが、通知カードやマイナンバーの記載された住民票の写し

などにより番号確認を行う場合には、併せて身元確認書類が必要となります。

　番号法上、身元確認書類として運転免許証やパスポートなどが規定されていますが、これらのほか、「官公署から発行され又は発給された書類その他これに類する書類であって（中略）個人識別事項により識別される特定の個人と同一の者であることを確認することができるものとして個人番号利用事務実施者が適当と認めるもの」についても身元確認書類として認められています（番号規1①二、2二）。

　国税関係手続においては、国税庁告示において「本人の写真の表示のある身分証明書等（学生証又は法人若しくは官公署が発行した身分証明書若しくは資格証明書をいう。）で、個人識別事項の記載があるもの（提示時において有効なものに限る。）」が規定されているため、運転免許証等を有しない学生であっても、写真付きの学生証により身元確認を行うことができます。

　また、学生証に写真が付いていない場合など、これらの書類の提示が困難な場合には、番号法上健康保険証や個人番号利用事務実施者が適当と認めるもののうち二つ以上の書類を提示することにより身元確認を行うことができるとされています（番号規1①三、3②二）。

　この個人番号利用事務実施者が適当と認めるものについても、国税庁告示において「本人の写真の表示のない身分証明書等で、個人識別事項の記載があるもの（提示時において有効なものに限る。）」を規定していますので、写真のない学生証と健康保険証などにより身元確認を行うことができます。

2 マイナンバーを取得する必要がない場合

　マイナンバーは法令で認められた場合でのみ、取得・利用することができるため、取得する必要がない場合にはマイナンバーを取得してはいけません。

　従業員からマイナンバーを取得するのは、マイナンバーが記載された扶養控除等申告書の提出を受ける場合や給与所得の源泉徴収票を税務署に提出する場合、給与支払報告書を市区町村役場に提出する場合などです。

　つまり、これらの提出が必要ない場合は、従業員のマイナンバーの取得を行う必要がないため、従業員に対してマイナンバーの提供を求めないよう注意が必要です。

　具体的に、扶養控除等申告書については、別の勤務先が主たる給与の支払者であり、「従たる給与についての扶養控除等申告書」の提出を行わない場合や、日雇い（あらかじめ定められた雇用契約の期間が2月以内の者に労働した日又は時間により算定される給与を支払う場合を含み、同一の支払者から2月を超えて支払われるものを除きます。）の場合には、扶養控除等申告書の提出が必要ありません。

　また、給与所得の源泉徴収票については、給与所得者の扶養控除等申告書が提出されず年末調整を行わない者について、その年間の支払額が50万円以下である場合には、税務署への提出が必要なく、給与支払報告書については、その年の翌年1月1日をまたいで継続して給与の支払がなく、その年中に退職あるいは短期雇用などでその年中の給与の総支給金額が30万円以下である場合には、市区町村への提出が必要ありません。

18 マイナンバーの提供を拒否された場合

Q 顧客からマイナンバーの提供を拒否されています。どのように対応すればよいでしょうか。

A 法定調書の作成などに際し、顧客や従業員（以下「従業員等」といいます。）からマイナンバーの提供を拒否された場合には、従業員等に対してマイナンバーの記載は、法律で定められた義務であることを伝え、提供を求めてください。

それでもなお、提供を受けられない場合は、マイナンバーを記載せずに法定調書等を作成し税務署に提出してください。ただし、提供を求めた経過等を記録、保存するなどし、単なる義務違反でないことを明確にしておく必要があります。

なお、税務署やハローワークなどでは、このような場合にはマイナンバーの記載がなくても書類を収受（受理）することとしています。

1 提供の求め

扶養控除等申告書や法定調書の提出に当たり、従業員等からマイナンバーの提供を受けられない場合には、従業員等に対し、マイナンバーの提供を行うようお願いする必要があります。まず、単純に記載し忘れたという方や記載が必要という認識がなかった方もおられるかもしれません。このような方々に、注意喚起を図る上でも、再度マイナンバーの提供を求めていただくことが必要です。

しかし、そもそもマイナンバーを持っていない方や提供はしたく

ないという事情を有する方については、提供を求めた経過等を記録、保存するなどの対応を行います。

2 提供を求めた経過等の記録などの対応

　国税庁ホームページ*21では、マイナンバーの記載のない法定調書の提出が単なる義務違反でないことを明確にするとともに、特定個人情報保護の観点からもマイナンバーの提出を求めた経過等の記録をお願いしています。

　特定個人情報保護の観点では「経過等の記録がなければ、マイナンバー（個人番号）の提供を受けていないのか、あるいは提供を受けたのに紛失したのかが判別できません。」とあります。マイナンバーの提供を受けていないことを記録しておくという観点からも提供を求めた経過等を記録しておくことは重要です。

*21　国税庁ホームページ「社会保障・税番号制度〈マイナンバー〉について」の「法定調書に関するFAQ」Q1－2

　こんなことがあるかもしれません。

　法定調書へのマイナンバー記載のため、報酬の支払先にマイナンバーの提供を求めたが、拒否されたため提供を受けられず、やむを得ず支払先のマイナンバーを記載せずに法定調書を提出したとします。翌年、同じ方に対し報酬料金の支払があり、マイナンバーの提供を求めたところ、「昨年マイナンバーは提供しているはずだ」と回答されました。

　しかし、実際には提供を受けていません。そこで、マイナンバーの提供を受けていないことを説明し、提供するよう求めました。すると、「間違いなくマイナンバーを提供しているはずだ。もしかしたら、私のマイナンバーをきちんと管理せずに漏えいしているので

はないか。」とトラブルに発展しました。

　マイナンバー制度は平成28年1月に始まったばかりの新しい制度であり、どのようなケースにおいてマイナンバーを使用できるのか、マイナンバーの提供を受けた場合どうすればいいのかといったことについて、まだまだ、認識されていない方もいらっしゃるものと考えられます。したがって、事後のトラブルを回避する意味においても、マイナンバーの提供を求めた経過等を記録することが必要となってくると考えられます。「何年何月何日の何時に提供を求めたが、こういわれて拒否された。」といったように、事後的に確認できるようにしておくことで、相手方から紛失したのではないかとの指摘を受けたとしても、そもそも提供を受けていない、その経過はここに記録していると根拠をもって回答することができることとなります。

　どの程度まで詳細に記録するのかという点については、最低でも事後的に確認できる範囲での記載は必要であると考えられます。更に、提供を受けられなかった過程や経緯、相手方の主張などを考慮し、その後のリスクが最小限となるような内容を記載することが望ましいと考えます。

19 本人確認書類を入手できない場合

Q 顧客からはマイナンバーの提供は受けたものの、本人確認書類が届きません。どのように対応すればよいでしょうか。

A 番号法上の本人確認ができていない以上、提供を受けたマイナンバーを利用することはできないと考えられるため、マイナンバーを記載せずに書類を提出してください。

また、提供を受けたマイナンバーは本人確認ができていないことを明記するなど、誤って利用しない措置を講じるとともに、Q18と同様、本人確認書類の提供を求めた経過等を記録、保存することが望ましいと考えられます。

1 番号法上の本人確認義務

番号法16条において、個人番号利用事務等実施者は、本人からマイナンバーの提供を受けるときは、本人確認の措置をとることとされています。

本人確認は、「個人番号の提供を受ける際、その真正性の確認を行わないと、他人の個人番号を告知してなりすましを行う行為を防ぐことができなくなるため、その確認を義務付け[22]」られているものです。

[22] 内閣府大臣官房番号制度担当室「行政手続における特定の個人を識別するための番号の利用等に関する法律【逐条解説】」【第16条（本人確認の措置）】

2 本人確認ができていないマイナンバー

　マイナンバーの提供を受けるときに実施しなければならない本人確認ができていない場合、そのマイナンバーが正しいのか、また、他人がなりすまして手続を行っているものではないということがないのかが確認できていません。

　個人番号関係事務実施者が書類にそのような状態のマイナンバーを記載した場合、そのマイナンバーの提供を受けた個人番号利用事務実施者においてはそのマイナンバーに係る真正性を確認する手段がないことから、そのまま利用することとなり、その結果、なりすましの被害などが発生するおそれがあります。このような状況が広まれば、マイナンバー制度の信頼性に関わる重大な事態となってしまいます。

　このため、本人確認ができていない場合には、提供を受けたマイナンバーを記載せずに書類を提出してください。

　また、提供を受けたマイナンバーは本人確認ができていないことを明記するなど、誤って利用しない措置を講じるとともに、特定個人情報の保護の観点からも本人確認書類の提供を求めた経過等を記録、保存するなどの対応を行うことが望ましいと考えられます。

20 勤務先法人が従業員の遺族代理人としてマイナンバーを提供することの可否

Q 当社の従業員が死亡したため、グループ保険の保険金請求に当たり、当社が従業員の遺族の代理人として、保険会社にマイナンバーの提供を行うことはできますか。

A 勤務先法人が従業員の遺族の代理人となることは可能です。

1 生命保険契約等の一時金の支払調書

生命保険会社は、一定の要件に該当する保険金の支払を行った場合、生命保険契約等の一時金の支払調書を作成する必要があります。このため、生命保険会社は、法定調書の作成のために保険金等

の受取人や保険契約者等又は保険料等払込人のマイナンバーを収集します。

2 法人と生命保険

　法人が保険契約者となる保険では、その目的によって様々な商品があります。

　例えば、法人が従業員を被保険者として、死亡保険金の受取人を被保険者の遺族、生存保険金の受取人を法人とする養老保険を契約することがあります。このような保険は、①生存保険金を従業員の退職金の準備金に充てることができる、②従業員に万一のことがあっても死亡保険金が遺族に支払われるという福利厚生の充実を図ることができる、③支払保険料の半分を損金算入し法人税負担を減少できるなどの観点から、法人契約の生命保険としては比較的一般的なものと思われます。

　また、自助努力型の保険として団体定期保険、いわゆるグループ保険は、法人が契約者となり、グループ保険に加入する従業員が保険料を負担するという形態の保険であり、法人にとっては従業員の福利厚生を充実につながることから、多くの企業で利用されている保険となっています。

3 保険金請求に伴うマイナンバーの取扱い

　保険金の請求手続は、基本的に保険金受取人が行うこととされています。したがって、保険金受取人が保険会社に自身のマイナンバーを直接提供することになります。

　しかし、グループ保険のような団体契約保険では、保険金や保険料に係る事務手続を法人が行うこととなっています。この場合、保

険金の受取りに当たっては、法人が従業員の遺族などの保険金受取人の代理人として保険金受取人からマイナンバーの提供を受け、生命保険会社に提供することとなります。

　具体的には、保険契約が法人と生命保険会社間で締結されており、法人が保険金請求を行うため、加入者である従業員の遺族などの保険受取人に対し、保険金請求に係る必要書類（マイナンバー及び本人確認書類を含む。）を提出するよう依頼した上で、生命保険会社に対して請求を行うこととなります。

　一般の保険契約の場合、生命保険会社が保険金受取人である個人に対してマイナンバーの提供を求めるところ、グループ保険では法人が事務を行うこととされていることから、保険金受取人が、法人を自身の代理人として指定した上で、法人は代理人として保険金受取人のマイナンバーを提供することになると考えられます。

　この場合、法人は生命保険会社に対し、保険金受取人の代理人であることを証するための委任状、法人の実在確認のための登記事項証明書及び実務を担当している従業員と法人の関係性を証する書類である社員証などとともに、保険金受取人の番号確認書類の写しを提出する必要があります。

　なお、生命保険会社との協議の結果、法人を遺族などの保険金受取人の代理人として指定する方法ではなく、保険金受取人が自らの番号確認書類及び身元確認書類の写しを封筒に封函し、開封できない状態で法人に提出し、その法人が内容物に関知することなく生命保険会社に提出する方法等も考えられます。

　このような場合は、保険金受取人が直接生命保険会社に自らのマイナンバーを提供したとみることができると考えられることから、法人は代理人としての書類の提出が不要になると考えられます。

| 事例9 | 勤務先法人が従業員の遺族の代理人となる場合の本人確認 |

　この事例は、死亡した従業員の勤務先法人が契約者、従業員が被保険者、死亡した従業員の家族が死亡保険金受取人である生命保険契約に関し、勤務先法人が遺族に代わり死亡保険金の請求を行う際に、法人が遺族の代理人としてマイナンバーの提供を行う方法となります。

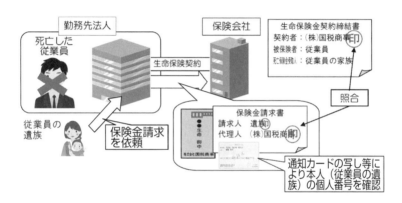

【ポイント】

● 　保険会社が代理人である法人からマイナンバーの提供を受ける場合は、①代理権の確認、②代理人の身元確認及びマイナンバーを提供する者と代理人である法人との関係を証する書類などの確認及び③本人（従業員の遺族）のマイナンバーの確認が必要です。

● 　代理権は、保険金請求書に請求人である遺族の住所・氏名及び押印と代理人である勤務先法人の住所・名称及び押印があることにより確認します。

● 　代理人の身元確認及びマイナンバーを提供する者と代理人である法人との関係を証する書類などの確認については、保険会社が

保険契約時に審査を実施し、登記事項証明書等により勤務先法人の身元確認を了している場合には、保険金請求手続の担当者と勤務先法人との関係性を証する書類（社員証など）を確認することとなります。

しかし、郵送で手続が行われた場合には、担当者名が明示されないことも想定されます。

この場合には、保険契約締結時に契約書に押印された勤務先法人の印が保険金請求書に押印されているものと同じであることをもって、勤務先法人が代理人として手続を行ったと考えられますので、別途、関係性を証する書類の提出を受ける必要はありません。

- 本人（従業員の遺族）のマイナンバーの確認は、保険金受取人となる遺族の通知カードの写し等により確認します。
- 団体年金契約などのため、勤務先法人が加入者である従業員のマイナンバーを提供する場合でも、法人が従業員の代理人となることができます。この場合の手続は、上記と同じです。

（参考）代理人からマイナンバーの提供を受ける場合の本人確認

　番号法上は、代理人からのマイナンバーの提供に係る本人確認についても定めています。第1章**Q8**に記載されているとおり、代理人からマイナンバーの提供を受けた際には、その本人確認として、①委任状による代理権を有することの確認、②代理人の身元確認及び③本人の番号確認を行う必要があります。

　民間実務においては、例えば支払調書作成に係る告知（マイナンバー提供）が代理人を通じて行われることも考えられます。

　国税庁長官告示においては、上記②の代理人の身元確認書類や上記③の本人の番号確認書類について、本人からマイナンバー提供を受ける場合とほぼ同様のものを規定しています。

　代理権の確認書類については、任意代理人の場合には委任状が必要（番号規6①二）ですが、国税庁長官告示では、委任状の提示が困難な場合の代理権確認書類として、「本人並びに代理人の個人識別事項の記載及び押印のある書類」などによることを認めています。

【事例】実務においては、例えば、「不動産の使用料等の支払調書」を作成するために個人のオーナー（貸主）からマイナンバー提供を求めるに際し、不動産管理業を営む代理店が、オーナーの代理人としてマイナンバー提供が行われるケースが考えられます。この場合には、借主である事業者は、当該代理人に対して番号法上の本人確認を行うことになります。

　なお、不動産管理業者は法人の場合も多いものと考えられますが、不動産管理業者が法人代理人となる場合の代理人の身元確認は、①登記事項証明書などによる法人の実在

確認及び②社員証などで現に番号提供を行っている者と当該法人との関係性確認を行うこととなります。

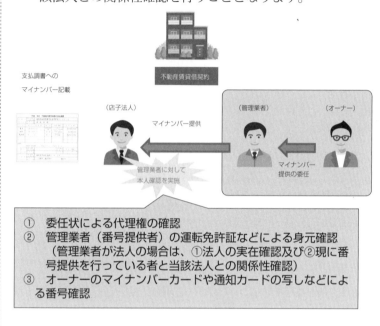

① 委任状による代理権の確認
② 管理業者（番号提供者）の運転免許証などによる身元確認
　（管理業者が法人の場合は、①法人の実在確認及び②現に番号提供を行っている者と当該法人との関係性確認）
③ オーナーのマイナンバーカードや通知カードの写しなどによる番号確認

（参考資料１－１）マイナンバーの記載を要しない書類の一覧
＜平成28年４月１日以後適用分＞

所得税関係
・給与所得者の保険料控除申告書
・給与所得者の配偶者特別控除申告書
・給与所得者の（特定増改築等）住宅借入金等特別控除申告書
・非課税貯蓄申込書
・非課税貯蓄相続申込書
・非課税貯蓄に関する資格喪失届出書
・特別非課税貯蓄申込書
・特別非課税貯蓄相続申込書
・特別非課税貯蓄に関する資格喪失届出書
・財産形成非課税住宅貯蓄申込書
・財産形成非課税年金貯蓄申込書
・財産形成非課税住宅貯蓄限度額変更申告書
・財産形成非課税年金貯蓄限度額変更申告書
・転職者等の財産形成非課税住宅貯蓄継続適用申告書
・転職者等の財産形成非課税年金貯蓄継続適用申告書
・海外転勤者の財産形成非課税住宅貯蓄継続適用申告書（国内勤務申告書）
・海外転勤者の財産形成非課税年金貯蓄継続適用申告書（特別国内勤務申告書）
・育児休業等をする者の財産形成非課税住宅貯蓄継続適用申告書 　育児休業等期間変更申告書
・育児休業等をする者の財産形成非課税年金貯蓄継続適用申告書 　育児休業等期間変更申告書
・財産形成非課税住宅貯蓄廃止申告書
・財産形成非課税年金貯蓄廃止申告書
・財産形成年金貯蓄の非課税適用確認申告書
・財産形成年金貯蓄者の退職等申告書
・財産形成年金貯蓄者の退職等申告書を提出した者の異動申告書
・金融機関等において事業譲渡等があった場合の申告書（住宅財形）
・金融機関等において事業譲渡等があった場合の申告書（年金財形）

- 特定口座異動届出書（他の営業所への移管に係るもの）
- 非課税口座移管依頼書
- 非課税口座廃止届出書
- 非課税口座開設者出国届出書
- 金融商品取引業者等変更届出書
- 未成年者口座移管依頼書
- 未成年者口座廃止届出書
- 未成年者出国届出書

＜平成29年1月1日以後適用分＞

所得税関係
・所得税及び復興特別所得税の予定納税額の減額申請書
・所得税の青色申告承認申請書
・所得税の青色申告承認申請書（兼）現金主義の所得計算による旨の届出書
・所得税の青色申告の取りやめ届出書
・青色事業専従者給与に関する届出・変更届出書
・現金主義による所得計算の特例を受けることの届出書
・現金主義による所得計算の特例を受けることの取りやめ届出書
・再び現金主義による所得計算の特例の適用を受けることの承認申請書
・所得税の棚卸資産の評価方法・減価償却資産の償却方法の届出書
・所得税の有価証券の評価方法の届出書
・所得税の棚卸資産の評価方法・減価償却資産の償却方法の変更承認申請書
・所得税の有価証券の評価方法の変更承認申請書
・所得税の棚卸資産の特別な評価方法の承認申請書
・所得税の減価償却資産の特別な償却方法の承認申請書
・取替法採用承認申請書
・所得税の減価償却資産の特別な償却率の認定申請書
・所得税の減価償却資産の耐用年数短縮の承認申請書
・所得税の短縮特例承認資産の一部の資産を取り替えた場合の届出書
・所得税の耐用年数の短縮の承認を受けた減価償却資産と材質又は製作方法を同じくする減価償却資産を取得した場合等の届出書
・所得税の増加償却の届出書
・所得税の特定船舶に係る特別修繕費の金額の認定申請書

(参考資料１－１）マイナンバーの記載を要しない書類の一覧

- 転廃業助成金に係る課税の特例の承認申請書
- 所得税のリース賃貸資産の償却方法に係る旧リース期間定額法の届出書
- 所得税の申告等の期限延長申請書
- 繰越雑損失がある場合の源泉所得税の徴収猶予承認申請書
- 特別農業所得者の承認申請書
- 年末調整のための（特定増改築等）住宅借入金等特別控除関係書類の交付申請書
- 転任の命令等により居住しないこととなる旨の届出書
- 延払条件付譲渡に係る所得税額及び復興特別所得税額の延納の許可申請書
- 延払条件付譲渡に係る所得税額及び復興特別所得税額の延納条件の変更申請書
- 退職給与規程に関する書類
- 危険勘案資産額の計算日の特例の適用に関する届出書
- 固定資産の取得又は改良をしたことを証する書類
- 採掘権、租鉱権、採石権又は坑道の耐用年数の認定申請書
- 源泉所得税の納期の特例の承認に関する申請書
- 源泉所得税の納期の特例の要件に該当しなくなったことの届出書
- 源泉徴収に関する申告書に記載すべき事項の電磁的方法による提供の承認申請書
- 源泉徴収に関する申告書に記載すべき事項の電磁的方法による提供の取りやめに関する届出書
- 年末調整による不足額徴収繰延承認申請書
- 芸能人の役務提供に関する事業を行う個人事業者に対する所得税の源泉徴収免除証明書交付（追加）申請書
- 芸能人の役務提供に関する事業を行う個人事業者の氏名、住所等の変更又は証明書の交付要件に該当しなくなったことの届出書
- 外国法人又は非居住者に対する源泉徴収の免除証明書交付（追加）申請書
- 源泉徴収の免除証明書の交付を受けている外国法人又は非居住者が証明書の交付要件に該当しなくなったことの届出書
- 源泉徴収の免除証明書の交付を受けている外国法人又は非居住者の名称、所在地等の変更届出書
- 非課税貯蓄者死亡通知書
- 金融機関等において事業譲渡等があった場合の申告書

- 特別非課税貯蓄者死亡通知書
- 販売機関等において事業譲渡等があった場合の申告書
- 未成年者口座管理契約に係る災害等事由についての確認申出書
- 勤労者財産形成年金貯蓄契約に係るやむを得ない事情についての確認申請書
- 優良住宅地等のための譲渡に該当することとなった旨の届出書
- 確定優良住宅地造成等事業に関する期間（再）延長承認申請書
- 代替資産の取得期限延長承認申請書
- やむを得ない事情がある場合の買換資産の取得期限承認申請書
- 先行取得資産に係る買換えの特例の適用に関する届出書
- 造成宅地の譲受け承認申請書
- 租税特別措置法第40条の規定による承認申請書を提出した者が死亡した旨の届出書
- 国外転出をする場合の譲渡所得等の特例等に係る納税猶予の継続適用届出書
- 国外転出をする場合の譲渡所得等の特例等に係る納税猶予の期限延長届出書
- 国外転出をする場合の譲渡所得等の特例等に係る付表　※　納税管理人の届出の場合には、番号要

相続・贈与税関係

- 遺産が未分割であることについてやむを得ない事由がある旨の承認申請書
- 事業の譲渡等に伴う教育資金管理契約に関する事務の移管の届出書
- 事業の譲渡等に伴う結婚・子育て資金管理契約に関する事務の移管の届出書
- 相続税法施行規則附則第4項・第5項・第6項の規定による幼稚園教育用財産の取得・廃止・現況届出書
- 相続税法施行規則附則第8項・第12項の規定による家事充当金額の限度額の認定（変更）申請書
- 贈与税の納税猶予の継続届出書
- 相続税の納税猶予の継続届出書
- 贈与税の納税猶予取りやめ届出書
- 贈与税の免除届出書

- 相続税の免除届出書
- 特例農地等についての使用貸借による権利の設定に関する届出書
- 推定相続人の死亡に伴う他の推定相続人等に対する使用貸借による権利の設定に関する届出書
- 推定相続人の死亡に伴う受贈者の農業経営開始の届出書
- 贈与税の特例適用農地等について農用地利用集積計画の定めるところによる賃借権等の設定に基づき貸し付けた旨の届出書
- 相続税の特例農地等について農用地利用集積計画の定めるところによる賃借権等の設定に基づき貸し付けた旨の届出書
- 貸付特例適用農地等の変更届出書（再借受代替農地等を借り受けた場合）
- 貸付特例適用農地等に係る継続届出書（措法第70条の4第8項適用分・措法第70条の6第10項適用分）
- 貸付特例適用農地等の（変更）届出書（貸付特例適用農地等に設定されている賃借権等が消滅した場合）
- 代替農地等の取得等に関する承認申請書（納税猶予事案用）
- 代替農地等の取得価額等の明細書
- 一時的道路用地等としての貸付けに関する承認申請書
- 一時的道路用地等としての貸付けに係る継続貸付届出書
- 一時的道路用地等としての貸付けに係る地上権等が消滅した旨の届出書
- 一時的道路用地等としての貸付けに係る貸付期限の延長届出書
- 代替農地等の取得又は都市営農農地等該当に関する承認申請書（納税猶予事案用）
- 買取りの申出等に伴う代替農地等の取得価額等に関する明細書
- 都市営農農地等該当に関する明細書
- 営農困難時貸付けに関する届出書
- 耕作の放棄又は賃借権等の消滅があった営農困難時貸付農地等について新たな営農困難時貸付けを行った旨の届出書
- 耕作の放棄又は賃借権等の消滅があった営農困難時貸付農地等を自己の農業の用に供した旨の届出書
- 耕作の放棄又は賃借権等の消滅があった営農困難時貸付農地等に係る新たな営農困難時貸付けに関する承認申請書
- 贈与税の納税猶予の特定貸付けに関する届出書
- 相続税の納税猶予の特定貸付けに関する届出書

- 賃借権等の消滅又は耕作の放棄があった特定貸付農地等について新たな特定貸付けを行った旨の届出書
- 賃借権等の消滅又は耕作の放棄があった特定貸付農地等を自己の農業の用に供した旨の届出書
- 賃借権等の消滅又は耕作の放棄があった特定貸付農地等に係る新たな特定貸付けに関する承認申請書
- 納税猶予の適用を受けている農地等について収用交換等による譲渡を行った場合の利子税の特例の適用に関する届出書
- 山林についての相続税の納税猶予の継続届出書
- 山林についての相続税の納税猶予取りやめ届出書
- 山林についての相続税の納税猶予に係る免除届出書
- 非上場株式等についての贈与税・相続税の納税猶予の継続届出書
- 非上場株式等についての贈与税・相続税の納税猶予の免除届出書（死亡免除）
- 非上場株式等についての贈与税・相続税の納税猶予の免除届出書（特例免除）
- 非上場株式等についての贈与税・相続税の納税猶予取りやめ届出書
- 非上場株式等についての納税猶予の贈与税・相続税の免除申請書
- 非上場株式等についての納税猶予の贈与税・相続税の再計算免除申請書
- 非上場株式等についての贈与税・相続税の納税猶予及び免除の新法選択届出書
- 医療法人持分についての贈与税・相続税の納税猶予の免除届出書
- 災害減免法第4条の規定による相続税・贈与税の免除承認申請書
- 特定受贈森林経営計画対象山林に係る届出書
- 特定受贈森林経営計画対象山林に係る届出書付表
- 使用貸借による権利の全部を引き継いだ合併法人又は分割承継法人が特定農業生産法人に該当する旨の届出書（租税特別措置法の一部を改正する法律（平成7年法律第55号）附則第36条第3項適用分）　※　平成28年3月31日時点の名称であり、今後変更されます。
- やむを得ない事由により常時従事者である構成員に該当しないこととなった旨の届出書（租税特別措置法の一部を改正する法律（平成7年法律第55号）附則第36条第3項適用分）
- 特定農業生産法人に対し使用貸借による権利の設定を行っている農地等の

(参考資料１－１)マイナンバーの記載を要しない書類の一覧

一時的道路用地等としての貸付けに関する承認申請書（租税特別措置法の一部を改正する法律（平成７年法律第55号）附則第36条第３項適用分）
　※　平成28年３月31日時点の名称であり、今後変更されます。
・特定農業生産法人に対し使用貸借による権利の設定を行っている農地等の一時的道路用地等としての貸付けに係る継続貸付届出書（租税特別措置法の一部を改正する法律（平成７年法律第55号）附則第36条第３項適用分）　※　平成28年３月31日時点の名称であり、今後変更されます。
・租税特別措置法の一部を改正する法律（平成７年法律第55号）附則第36条第７項に規定する継続貸付届出書をやむを得ない事情により期限内に提出できなかった旨の届出書
・所得税法等の一部を改正する法律（平成17年法律第21号）附則第55条第11項に規定する継続貸付届出書をやむを得ない事情により期限内に提出できなかった旨の届出書
・特定農業生産法人に対し使用貸借による権利の設定を行っている農地等の一時的道路用地等としての貸付けに係る地上権等が消滅した旨の届出書（租税特別措置法の一部を改正する法律（平成７年法律第55号）附則第36条第３項適用分）　※　平成28年３月31日時点の名称であり、今後変更されます。
・特定農業生産法人に対し使用貸借による権利の設定を行っている農地等の一時的道路用地等としての貸付けに係る貸付期限の延長届出書（租税特別措置法の一部を改正する法律（平成７年法律第55号）附則第36条第３項適用分）　※　平成28年３月31日時点の名称であり、今後変更されます。
・租税特別措置法施行令の一部を改正する政令（平成17年政令第103号）附則第33条第５項に規定する届出書をやむを得ない事情により期限内に提出できなかった旨の届出書
・特定農業生産法人に対し使用貸借による権利の設定を行っている農地等の一時的道路用地等としての貸付けに係る貸付期限の延長届出書（所得税法等の一部を改正する法律（平成17年法律第21号）附則第55条第３項適用分）　※　平成28年３月31日時点の名称であり、今後変更されます。
・特定農業生産法人に対し使用貸借による権利の設定を行っている農地等の一時的道路用地等としての貸付けに係る継続貸付届出書（所得税法等の一部を改正する法律（平成17年法律第21号）附則第55条第３項適用分）
　※　平成28年３月31日時点の名称であり、今後変更されます。

- 特定農業生産法人に対し使用貸借による権利の設定を行っている農地等の一時的道路用地等としての貸付けに係る地上権等が消滅した旨の届出書（所得税法等の一部を改正する法律（平成17年法律第21号）附則第55条第3項適用分）　※　平成28年3月31日時点の名称であり、今後変更されます。
- 特定農業生産法人に対し使用貸借による権利の設定を行っている農地等の一時的道路用地等としての貸付けに関する承認申請書（所得税法等の一部を改正する法律（平成17年法律第21号）附則第55条第3項適用分）　※　平成28年3月31日時点の名称であり、今後変更されます。
- 特定農業生産法人に対する貸付特例適用農地等についての使用貸借による権利の設定に関する届出書　※　平成28年3月31日時点の名称であり、今後変更されます。
- 被設定者が特定農業生産法人に該当することとなった旨の届出書　※　平成28年3月31日時点の名称であり、今後変更されます。
- やむを得ない事由により常時従事者である構成員に該当しないこととなった旨の届出書（所得税法等の一部を改正する法律（平成17年法律第21号）附則第55条第3項又は第5項適用分）
- 使用貸借による権利の全部を引き継いだ合併法人又は分割承継法人が特定農業生産法人に該当する旨の届出書（所得税法等の一部を改正する法律（平成17年法律第21号）附則第55条第3項又は第5項適用分）　※　平成28年3月31日時点の名称であり、今後変更されます。
- 納税猶予の適用を受けている山林について収用交換等による譲渡を行った場合の利子税の軽減の特例の適用を受けるための届出書
- 震災特例法第38条の3・4・5の被害要件確認表兼届出書
- 相続税法施行規則第6条の規定による受託者の変更等があった場合の提出書類
- 相続税延納申請書
- 贈与税延納申請書
- 相続税延納条件変更申請書
- 贈与税延納条件変更申請書
- 相続税物納申請書
- 相続税特定物納申請書
- 物納撤回申請書兼延納申請書

(参考資料1-1)マイナンバーの記載を要しない書類の一覧

- 物納財産還付申請書
- 担保提供関係書類提出期限延長届出書
- 担保提供関係書類補完期限延長届出書
- 変更担保提供関係書類提出期限延長届出書
- 物納手続関係書類提出期限延長届出書
- 物納手続関係書類補完期限延長届出書
- 収納関係措置期限延長届出書
- 物納申請財産に関する措置事項完了届出書
- 振替を行った旨の届出書

消費税及び間接諸税関係

- 消費税課税期間特例選択・変更届出書
- 消費税課税期間特例選択不適用届出書　※事業廃止の場合には番号要
- 消費税簡易課税制度選択届出書
- 消費税簡易課税制度選択不適用届出書　※事業廃止の場合には番号要
- 消費税簡易課税制度選択(不適用)届出に係る特例承認申請書
- 任意の中間申告書を提出する旨の届出書
- 任意の中間申告書を提出することの取りやめ届出書　※事業廃止の場合には番号要
- 消費税課税売上割合に準ずる割合の適用承認申請書
- 消費税課税売上割合に準ずる割合の不適用届出書
- 輸出物品販売場許可申請書(一般型用)
- 輸出物品販売場許可申請書(手続委託型用)
- 承認免税手続事業者承認申請書
- 事前承認港湾施設承認申請書
- 事前承認港湾施設に係る臨時販売場設置届出書
- 手続委託型輸出物品販売場移転届出書
- 免税手続カウンター設置場所変更届出書
- 事前承認港湾施設に係る臨時販売場変更届出書
- 輸出物品販売場廃止届出書
- 承認免税手続事業者不適用届出書
- 事前承認港湾施設不適用届出書
- 災害等による消費税簡易課税制度選択(不適用)届出に係る特例承認申請

書
- 登録国外事業者の登録申請書
- 登録国外事業者の登録事項変更届出書
- 登録国外事業者の登録の取消しを求める旨の届出書
- 印紙税被交付文書納付印押なつ承認申請書
- 揮発油税及び地方揮発油税差額課税納税申告書提出期限延長承認申請書
- 揮発油税外国公館等用免税移出承認申請書
- 揮発油税及び地方揮発油税合衆国軍用途免税承認申請書
- 揮発油税［航空機燃料用・特定用途］免税揮発油［用途外消費・譲渡］（事前）承認申請書
- 未納税・免税物品等［移入・輸出］証明（明細）書提出期限延長［届出・承認申請］書
- 未納税・免税物品等亡失証明書交付申請書
- バイオエタノール等揮発油に係る課税標準の特例適用開始（変更）・終了届出書
- バイオエタノール等揮発油製造及び移出数量等報告書
- 石油ガス税課税石油ガス重量計算方法承認申請書
- 石油ガス税課税石油ガス重量計算方法変更届出書
- 石油ガス税特定用途免税課税石油ガス［譲渡・用途外消費］承認申請書
- 石油ガス税販売代金領収不能に関する承認申請書
- 　※　税納期限延長申請書（※　たばこ、揮発油、石油ガス、石油石炭）
- 　※　税みなし移出不適用承認申請書（※　たばこ、揮発油、石油ガス、石油石炭）
- 石油石炭税残留石油等の残留物移入届出書
- 石油石炭税特定揮発油等使用石油化学製品製造済届出書
- 　※　税未納税移出先承認申請書（※　たばこ、揮発油、石油石炭）
- たばこ税及びたばこ特別税戻入れ控除適用製造たばこ移入確認申請書
- 　※　税戻入れ廃棄承認申請書（※　たばこ、揮発油、石油ガス、石油石炭）
- 印紙税［納付計器・納付印・類似印］［製造・販売・所持］承認申請書
- 印紙税納付計器指定申請書
- 　※　税保全担保分割提供承認申請書（※　たばこ、揮発油、印紙、航空燃料、石油ガス、石油石炭）

（参考資料１－１）マイナンバーの記載を要しない書類の一覧

- 戻入れ・移入　紙巻きたばこ三級品のたばこ税及びたばこ特別税手持品課税済確認申請書
- 紙巻たばこ三級品のたばこ税及びたばこ特別税手持品課税対象証明書交付申請書
- 石油ガス税合衆国軍用途免税承認申請書
- 石油石炭税合衆国軍用途免税承認申請書
- 戻入れ揮発油の揮発油税及び地方揮発油税手持品課税済確認申請書
- 揮発油の揮発油税及び地方揮発油税手持品課税対象証明書交付申請書
- 担保変更承認申請書
- 金銭担保充当申出書
- 申告期限等延長申請書
- 課税物件被災確認申請書
- 駐留軍用免税物品等滅失承認申請書
- 日米相互防衛援助協定に基づく免税物品等滅失承認申請書
- ［揮発油・地方揮発油・石油ガス・石油石炭］税国際連合軍隊用途免税承認申請書
- 国際連合軍隊用免税物品等滅失承認申請書

酒税関係

- 酒類蔵置所設置・廃止報告書
- 酒税の納期限延長申請書（平成　年　月分）
- 戻入れ酒類の廃棄承認申請書
- 酒類の保存承認申請書
- 保存酒類変換承認申請書
- 未納税移出承認申請書
- 未納税移出酒類移入明細書・輸出免税酒類輸出明細書提出期限延長承認申請書
- 未納税移出酒類移入明細書・輸出免税酒類輸出明細書提出期限延長届出書
- 酒類の販売先等報告書（平成　年　月　日現在）
- 酒類・酒母・もろみ製造設備（異動）申告書
- 酒類等の製造方法申告書
- 酒類の製造・移出等承認申請書
- 酒類の保存のためアルコール等を加えることの承認申請書

155

- 酒類の詰替え届出書
- 平成　年度分　酒類の製成及び移出の数量等申告書
- 平成　年度分　移出数量明細書
- 酒類の販売数量等報告書
- 未納税移出・未納税引取・輸出免税酒類亡失証明書交付申請書
- 未納税移入先承認申請書
- 未納税移入先不適用届出書
- 酒税保全担保分割提供承認申請書
- 酒類・酒母・もろみ製造・販売業休止開始（異動）申告書
- 粉末酒の数量計算方法承認申請書
- 粉末酒の数量計算方法変更届出書
- 酒類保存命令申請書
- 酒類分割保存承認申請書
- 被災酒類の確認書交付申請書
- 酒税申告期限等延長申請書
- 酒税担保変更承認申請書
- 酒税金銭担保充当申出書
- 指定製造場相続等届出書
- 酒税軽減対象製造場の確認事項変更承認申請書
- 差額課税に係る酒税納税申告書提出期限延長承認申請書

納税証明書及び納税手続関係

- 納税の猶予申請書
- 納税の猶予期間延長申請書
- 納税の猶予に伴う差押解除申請書
- 担保変更の承認申請書
- 担保に係る金銭の納付申出書
- 再調査の請求の対象となった処分に係る国税についての差押えの猶予等申請書（異議申立ての対象となった処分に係る国税についての差押えの猶予等申請書）
- 再調査の請求の対象となった処分に係る国税についての徴収の猶予等申請書（異議申立ての対象となった処分に係る国税についての徴収の猶予等申請書）

（参考資料1－1）マイナンバーの記載を要しない書類の一覧

- 換価申出書
- 差押動産の使用・収益許可申請書
- 差押財産の使用等許可申立書
- 差押換請求書
- 差押債権の弁済の委託に関する承認書
- 保全差押えをしないことを求める申出書
- 保全差押えの解除申請書
- 繰上保全差押えをしないことを求める申出書
- 繰上保全差押えの解除申請書
- 差押財産の修理等に関する同意書
- 給料等の差押えの承諾書
- 換価の猶予申請書
- 換価の猶予期間延長申請書

その他

- 国税関係帳簿の電磁的記録等による保存等の承認申請書
- 国税関係書類の電磁的記録等による保存の承認申請書
- 国税関係帳簿書類に係る電磁的記録の電子計算機出力マイクロフィルムによる保存の承認申請書（中途）
- 国税関係帳簿書類の電磁的記録等による保存等の取りやめの届出書
- 国税関係帳簿書類の電磁的記録等による保存等の変更の届出書
- 国税関係書類の電磁的記録によるスキャナ保存の承認申請書
- 災害による申告、納付等の期限延長申請書
- 委任状（再調査の請求に関する代理人の権限を証する書類）（異議申立てに関する代理人の権限を証する書類）
- 総代選任書
- 再調査の請求取下書（異議申立取下書）
- 代理権消滅届出書
- 補佐人帯同許可申請書
- 総代解任届出書
- 再調査の請求参加許可申請書（異議申立参加許可申請書）
- 審査請求とすることについての同意を求める回答書（審査請求とすることについての同意の求めに対する回答書）

- 意見陳述の申立書（口頭意見陳述の申立書）
- 給与所得の源泉徴収票の提出・交付の特例の承認に関する申請書
- 退職所得の源泉徴収票の提出・交付の特例の承認に関する申請書
- 支払調書等の光ディスク等による提出承認申請書（兼）本店等一括提出に係る承認申請書
- 特定事由に伴う担保解除申請書及び非上場株式等を再び担保として提供する旨の確約書（贈与税、相続税）
- 特定事由に伴う担保解除申請書及び非上場株式等を再び担保として提供する旨の確約書（贈与者が死亡した場合の相続税）
- 電子申請等証明書交付請求書
- 割当株式の特定口座受入れに係る申出書
- 割当株式と同一銘柄の上場株式を他の証券会社の一般口座において保有していたことが判明した旨の通知書
- 担保物変更（一部解除）申出書
- 審査請求書の補正書
- 反論書
- 参加人意見書
- 口頭意見陳述の申立書
- 補佐人帯同申請書
- 質問、検査等を求める旨の申立書（審理するための質問、検査等をすることの申立書）
- 閲覧等の請求書（閲覧請求書）
- 写しの交付申出書
- 写しの交付手数料の減額（免除）申請書
- 閲覧等請求に対する意見書
- 徴収の猶予等の申立書
- 滞納処分による差押えの解除等の申請書
- 代理人の選任（解任）届出書
- 代理人に特別の委任（特別の委任の解除）をした旨の届出書
- 総代の選任（解任）届出書
- 審査請求への参加申請書
- 審査請求の取下書
- 再調査の請求書の補正書（異議申立書の補正書）

・審査請求とすることについての申出書
・再調査の請求事件移送申立書（異議申立事件移送申立書）

（参考資料１－２）マイナンバーの記載を要する書類の一覧

所得税関係

・確定申告書（Ａ第一表・Ａ第二表・Ｂ第一表・Ｂ第二表）
・死亡した者の所得税及び復興特別所得税の確定申告書付表
・所得税及び復興特別所得税の準確定申告書（所得税法第172条第１項及び東日本大震災からの復興のための施策を実施するために必要な財源の確保に関する特別措置法第17条第５項に規定する申告書）
・保険料を支払った場合等の課税の特例の届出書（兼）保険料を支払った場合等の課税の特例の還付請求書
・有限責任事業組合の組合事業に係る所得に関する計算書
・純損失の金額の繰戻しによる所得税の還付請求書
・純損失の金額の繰戻しによる所得税の還付請求書（東日本大震災の被災者の方用）
・個人事業の開業・廃業等届出書
・所得税・消費税の納税地の変更に関する届出書
・所得税・消費税の納税地の異動に関する届出書
・総収入金額報告書
・退職所得の選択課税の申告書
・源泉徴収税額の納付届出書
・給与所得者の扶養控除等（異動）申告書
・従たる給与についての扶養控除等（異動）申告書
・公的年金等の受給者の扶養親族等申告書
・給与支払事務所等の開設・移転・廃止届出書
・源泉所得税及び復興特別所得税の徴収猶予・還付申請書（災免用）（給与等・公的年金等・報酬等）
・源泉所得税及び復興特別所得税の年末調整過納額還付請求書兼残存過納額明細書
・源泉所得税及び復興特別所得税の誤納額還付請求書
・退職所得の受給に関する申告書
・相続財産に係る非上場株式をその発行会社に譲渡した場合のみなし配当課

税の特例に関する届出書
・投資組合契約の外国組合員に対する課税の特例に関する（変更）申告書
・本店等一括提供に係る承認申請書
・租税条約に関する届出書（配当に対する所得税及び復興特別所得税の軽減・免除）
・租税条約に関する特例届出書（上場株式等の配当等に対する所得税及び復興特別所得税の軽減・免除）
・租税条約に関する届出書（利子に対する所得税及び復興特別所得税の軽減・免除）
・租税条約に関する届出書（使用料に対する所得税及び復興特別所得税の軽減・免除）
・租税条約に関する届出書（人的役務提供事業の対価に対する所得税及び復興特別所得税の免除）
・租税条約に関する届出書（自由職業者・芸能人・運動家・短期滞在者の報酬・給与に対する所得税及び復興特別所得税の免除）
・租税条約に関する届出書（教授等・留学生・事業等の修習者・交付金等の受領者の報酬・交付金等に対する所得税及び復興特別所得税の免除）
・租税条約に関する届出書（退職年金・保険年金等に対する所得税及び復興特別所得税の免除）
・租税条約に関する届出書（所得税法第161条第1項第7号から第11号まで、第13号、第15号又は第16号に掲げる所得に対する所得税及び復興特別所得税の免除）
・租税条約に関する源泉徴収税額の還付請求書（発行時に源泉徴収の対象となる割引債及び芸能人等の役務提供事業の対価に係るものを除く。）
・租税条約に関する芸能人等の役務提供事業の対価に係る源泉徴収税額の還付請求書
・租税条約に関する割引債の償還差益に係る源泉徴収税額の還付請求書（発行時に源泉徴収の対象となる割引国債用）
・租税条約に関する割引債の償還差益に係る源泉徴収税額の還付請求書（割引国債以外の発行時に源泉徴収の対象となる割引債用）
・租税条約に関する源泉徴収税額の還付請求書（利子所得に相手国の租税が課されている場合の外国税額の還付）
・租税条約に関する届出書（申告対象国内源泉所得に対する所得税又は法人

（参考資料１－２）マイナンバーの記載を要する書類の一覧

税の軽減・免除）
・租税条約に関する届出書（組合契約事業利益の配分に対する所得税及び復興特別所得税の免除）
・租税条約に基づく認定を受けるための申請書
・免税芸能法人等に関する届出書
・国内事業管理親法人株式の交付を受けた場合の届出書
・恒久的施設を有しない外国組合員の課税所得の特例に関する届出書
・租税特別措置法第40条の規定による承認申請書（第１表　共同提出の代表者、単独提出者用）
・租税特別措置法第40条の規定による承認申請書（第１表　共同提出の代表者以外の者用）
・租税特別措置法第40条の規定による承認申請書（第１表　遺贈者、死亡した贈与者用）
・非課税貯蓄申告書
・非課税貯蓄限度額変更申告書
・非課税貯蓄に関する異動申告書
・非課税貯蓄廃止申告書
・非課税貯蓄みなし廃止通知書
・所得税法施行規則第７条第６項の規定に基づく変更届出書
・金融機関の営業所等の異動届出書
・特別非課税貯蓄申告書
・特別非課税貯蓄限度額変更申告書
・特別非課税貯蓄に関する異動申告書
・特別非課税貯蓄廃止申告書
・特別非課税貯蓄みなし廃止通知書
・租税特別措置法施行規則第２条の５第１項において準用する所得税法施行規則第７条第６項の規定に基づく変更届出書
・財産形成非課税住宅貯蓄申告書
・財産形成非課税年金貯蓄申告書
・財産形成非課税住宅貯蓄に関する異動申告書（勤務先異動申告書）
・財産形成非課税年金貯蓄に関する異動申告書（勤務先異動申告書）
・財産形成非課税住宅貯蓄に関する届出書
・財産形成非課税年金貯蓄に関する届出書

- 特定口座開設届出書
- 特定口座異動届出書（他の営業所への移管に係るものを除く。）
- 非課税適用確認書の交付申請書
- 非課税口座開設届出書
- 非課税口座異動届出書
- 非課税適用確認書の交付申請書に記載された事項
- 非課税適用確認書の提出をした者に関する事項
- 非課税口座異動届出書に記載された事項
- 非課税口座移管依頼書に記載された事項
- 金融商品取引業者において事業譲渡等があった場合に提供すべき事項
- 変更届出事項（金融商品取引業者変更届出書に記載された事項）
- 廃止届出事項（非課税口座廃止届出書等に記載された事項）
- 提出事項（非課税管理勘定廃止通知書等の提出をした者に関する事項）
- 未成年者非課税適用確認書の交付申請書
- 未成年者口座開設届出書
- 未成年者口座異動届出書
- 未成年者非課税適用確認書の交付申請書に記載された事項
- 未成年者非課税適用確認書の提出をした者に関する事項
- 未成年者口座異動届出書に記載された事項
- 未成年者口座移管依頼書に記載された事項
- 廃止届出事項（未成年者口座廃止届出書等に記載された事項）
- 提出事項（未成年者口座廃止通知書の提出をした者に関する事項）
- 特定寄附信託（異動）申告書
- 振替国債等の利子等課税の特例に関する非課税適用申告書・特例書類　兼　更新申告書
- 振替国債、振替地方債及び振替社債等の利子等並びに振替割引債の差益金額等の課税の特例に関する組合等届出書　兼　更新届出書
- 民間国外債等の利子の非課税適用申告書・利子受領者確認書
- 国外社債等の利子等の分離課税の適用を受けるための申告書

相続・贈与税等関係

- 相続税の申告書第1表（第1表（続））
- 相続税の申告書（第1表の付表1）

（参考資料１－２）マイナンバーの記載を要する書類の一覧

- 相続税の修正申告書第１表（第１表（続））
- 贈与税の申告書第１表
- 死亡した者の贈与税の申告書付表（兼相続人の代表者指定届出書）
- 教育資金非課税申告書
- 追加教育資金非課税申告書
- 教育資金非課税取消申告書
- 教育資金非課税廃止申告書
- 教育資金管理契約に関する異動申告書
- 結婚・子育て資金非課税申告書
- 追加結婚・子育て資金非課税申告書
- 結婚・子育て資金非課税取消申告書
- 結婚・子育て資金非課税廃止申告書
- 結婚・子育て資金管理契約に関する異動申告書
- 障害者非課税信託申告書
- 障害者非課税信託取消申告書
- 障害者非課税信託廃止申告書
- 障害者非課税信託に関する異動申告書
- 相続税法第49条第１項の規定に基づく開示請求書
- 相続税法第49条第１項の規定に基づく開示請求書付表

消費税及び間接諸税関係

- 消費税及び地方消費税の（確定、中間（仮決算）、還付、修正）申告書（一般用）
- 消費税及び地方消費税の（確定、中間（仮決算）、還付、修正）申告書（簡易課税用）
- 消費税及び地方消費税の中間申告書
- 付表６　死亡した事業者の消費税及び地方消費税の確定申告明細書
- 消費税課税事業者選択届出書
- 消費税課税事業者選択不適用届出書
- 消費税課税事業者選択（不適用）届出に係る特例承認申請書
- 消費税課税事業者届出書（基準期間用）
- 消費税課税事業者届出書（特定期間用）
- 消費税の納税義務者でなくなった旨の届出書

- 事業廃止届出書
- 個人事業者の死亡届出書
- 消費税異動届出書
- 消費税課税期間特例選択不適用届出書　※　事業廃止の場合に限り番号要
- 消費税簡易課税制度選択不適用届出書　※　事業廃止の場合に限り番号要
- 任意の中間申告書を提出することの取りやめ届出書　※　事業廃止の場合に限り番号要
- 輸出物品販売場購入物品譲渡（譲受け）承認申請書
- 輸出物品販売場購入物品亡失承認申請書（国際第二種貨物利用運送事業者用）
- 登録国外事業者の死亡届出書
- 申告・申請等事務代理人届出書
- 印紙税一括納付承認申請書
- 印紙税過誤納［確認申請・充当請求］書
- 印紙税書式表示承認申請書
- 印紙税書式表示承認不適用届出書
- 印紙税税印押なつ請求書
- 印紙税納税申告書（一括納付用）
- 印紙税納税申告書（書式表示用）
- 印紙税納付計器使用請求書
- 印紙税納付計器設置承認・被交付文書納付印押なつ承認申請書　※設置承認の場合に番号要
- 印紙税納付計器設置承認申請書（設置承認専用）
- 印紙税納付計器設置廃止届出書
- 印紙税不納付事実申出書
- ＿＿＿＿※＿＿税営業等承継申告書（揮発油、石油ガス、石油石炭）
- 揮発油税及び地方揮発油税納税申告書
- 揮発油税外国公館等用揮発油給油所指定申請書
- 揮発油税［未納税移出・航空機燃料用免税］揮発油移入届出書［移出通知書・移入証明書］
- 揮発油税［航空機燃料用・特定用途］免税引取揮発油移入届出［通知］書
- 揮発油税特定石油化学製品の移出数量等報告書
- 揮発油税［航空機燃料用・特定用途］免税引取事前承認揮発油移入届出書

（参考資料1−2）マイナンバーの記載を要する書類の一覧

　　［引取届出書・移入証明書］
・駐留軍用免税資産譲受けの承認申請書
・国際連合軍隊用免税［資産・揮発油・石油ガス・原油等］譲受けの承認申請書
・日米相互防衛援助協定に基く免税調達資材等の譲受けの申請書
・石油ガス税特定用途免税課税石油ガス移入届出書［移出通知書・移入証明書］
・石油ガス税非課税石油ガス容器の承認申請書
・石油ガス税非課税石油ガス容器の承認取消申請書
・航空機燃料税納税申告書
・航空機燃料税納税地特例承認申請書
・航空機燃料税納税地特例不適用届出書
・＿＿※＿税営業等開始・休止・廃止申告書（たばこ、揮発油、石油ガス、石油石炭、印紙）
・＿＿※＿税営業等開始申告事項異動申告書（たばこ、揮発油、石油ガス、石油石炭）
・たばこ税未納税移出製造たばこ移入届出書［移出通知書・移入証明書・移入明細書］
・＿＿※＿税［未納税・特定用途免税］引取課税物件移入届出書［通知書］（たばこ、揮発油、石油ガス）
・石油石炭税相当額還付申請書（石油アスファルト等用）
・石油石炭税委託採取［開始申告、終了届出］申告書
・石油石炭税還付申請場所の特例承認申請書
・石油石炭税還付申請場所の特例不適用届出書
・石油石炭税還付農林漁業用Ａ重油用途外使用等承認申請書
・石油石炭税石油アスファルト等製造承認申請書
・石油石炭税非製品ガス製造場承認申請書
・石油石炭税相当額還付申請書（特定用途石油製品用）
・石油石炭税特定揮発油等使用石油化学製品製造承認申請書
・石油石炭税納税申告特例承認申請書
・石油石炭税納税申告特例不適用届出書
・石油石炭税納税地特例承認申請書
・石油石炭税納税地特例不適用届出書

165

- 石油石炭税未納税移出原油等移入届出書［移出通知書・移入証明書・移入明細書］
- 石油石炭税相当額還付申請書（特定揮発油等用）
- 石油石炭税相当額還付申請書（農林漁業用Ａ重油用）
- 石油石炭税相当額還付申請書（非製品ガス用）
- 被災自動車確認書交付申請書
- 被災自動車に係る自動車重量税還付申請書
- 揮発油税特定石油化学製品移入届出書［移出通知書・移入証明書］
- 揮発油税特定用途免税揮発油移入届出書［移出通知書・移入証明書］
- 自動車重量税廃車還付申請書
- 揮発油税及び地方揮発油税の手持品課税納税申告書
- 石油石炭税承認輸入者承認申請書
- 石油石炭税承認輸入者承認不適用届出書
- 揮発油税及び地方揮発油税みなし製造場承認申請書
- 石油ガス税納税申告書
- たばこ税及びたばこ特別税納税申告書
- 石油石炭税納税申告書（法第13条用）
- たばこ税及びたばこ特別税の手持品課税納税申告書

酒税関係

- 平成　年　月分酒税納税申告書（本表）
- 酒税納税申告書（差額課税用）
- 異動申告書
- 酒類蔵置場設置許可申請書
- 酒類蔵置場廃止届出書
- 未納税移入申告書提出省略承認申請書
- 原料用酒類移出承認申請書
- 酒母・もろみ・処分・移出承認申請書
- 酒母の移出承認申請書
- 酒類・酒母・もろみ亡失・腐敗届出書
- 未納税移入申告書提出省略承認不適用届出書
- 未納税移出通知・移入証明・移入申告書
- 未納税移入証明・移入申告書

- 平成　年　月分果実酒・甘味果実酒原料用もろみの移出承認申請書
- 特例適用混和の開始・休止・終了申告書
- 異動申告書（特例適用混和用）
- 酒税申告、申請等事務代理人届出書
- 酒税更正請求書

その他

- 給与所得の源泉徴収票（給与等の支払を受ける者に交付するものを除く。）
- 退職所得の源泉徴収票（退職手当等の支払を受ける者に交付するものを除く。）
- 報酬、料金、契約金及び賞金の支払調書
- 不動産の使用料等の支払調書
- 不動産等の譲受けの対価の支払調書
- 不動産等の売買又は貸付けのあっせん手数料の支払調書
- 利子等の支払調書
- 国外公社債等の利子等の支払調書
- 配当、剰余金の分配、金銭の分配及び基金利息の支払調書
- 国外投資信託等又は国外株式の配当等の支払調書
- 投資信託又は特定受益証券発行信託収益の分配の支払調書
- オープン型証券投資信託収益の分配の支払調書
- 配当等とみなす金額に関する支払調書
- 定期積金の給付補てん金等の支払調書
- 匿名組合契約等の利益の分配の支払調書
- 生命保険契約等の一時金の支払調書
- 生命保険契約等の年金の支払調書
- 損害保険契約等の満期返戻金等の支払調書
- 損害保険契約等の年金の支払調書
- 保険等代理報酬の支払調書
- 非居住者等に支払われる組合契約に基づく利益の支払調書
- 非居住者等に支払われる人的役務提供事業の対価の支払調書
- 非居住者等に支払われる不動産の使用料等の支払調書
- 非居住者等に支払われる借入金の利子の支払調書
- 非居住者等に支払われる工業所有権の使用料等の支払調書

- 非居住者等に支払われる機械等の使用料の支払調書
- 非居住者等に支払われる給与、報酬、年金及び賞金の支払調書
- 非居住者等に支払われる不動産の譲受けの対価の支払調書
- 株式等の譲渡の対価等の支払調書
- 交付金銭等の支払調書
- 信託受益権の譲渡の対価の支払調書
- 公的年金等の源泉徴収票（公的年金等の支払を受ける者に交付するものを除く。）
- 信託の計算書
- 有限責任事業組合等に係る組合員所得に関する計算書
- 名義人受領の利子所得の調書
- 名義人受領の配当所得の調書
- 名義人受領の株式等の譲渡の対価の調書
- 譲渡性預金の譲渡等に関する調書
- 新株予約権の行使に関する調書
- 株式無償割当てに関する調書
- 先物取引に関する支払調書
- 金地金等の譲渡の対価の支払調書
- 外国親会社等が国内の役員等に供与等をした経済的利益に関する調書
- 生命保険金・共済金受取人別支払調書
- 損害（死亡）保険金・共済金受取人別支払調書
- 退職手当金等受給者別支払調書
- 信託に関する受益者別（委託者別）調書
- 特定新株予約権等・特定外国新株予約権の付与に関する調書
- 特定株式等・特定外国株式の異動状況に関する調書
- 特定口座年間取引報告書（特定口座を開設していた者に交付するものを除く。）
- 非課税口座年間取引報告書
- 未成年者口座年間取引報告書（未成年者口座を開設していた者に交付するものを除く。）
- 教育資金管理契約の終了に関する調書
- 結婚・子育て資金管理契約の終了に関する調書
- 国外送金等調書

（参考資料１－２）マイナンバーの記載を要する書類の一覧

- 国外財産調書
- 国外証券移管等調書
- 財産債務調書
- 利子等の告知書
- 配当の告知書
- 投資信託又は特定受益証券発行信託収益の分配の告知書
- 譲渡性預金の譲渡・譲受けに関する告知書
- 所得税法施行規則第81条の7第3項の規定に基づく変更届出書
- 所得税法施行規則第81条の11第3項の規定に基づく変更届出書
- 所得税法施行規則第81条の21第2項の規定に基づく変更届出書
- 所得税法施行規則第81条の34第2項の規定に基づく変更届出書
- 所得税法施行規則第81条の36第4項の規定に基づく変更届出書
- 所得税法施行規則第81条の39第2項の規定に基づく変更届出書
- 国外送金等に係る告知書
- 国外証券移管等に係る告知書
- 再調査の請求書（異議申立書）
- 審査請求書
- 再調査の請求人の地位承継届出書（異議申立人の地位承継届出書）
- 相互協議申立書
- 仲裁要請書
- 納税証明書交付請求書
- 地価税の申告書
- 地価税の修正申告書
- 地価税の納税地の異動に関する届出書
- 国外転出をする場合の譲渡所得等の特例等に係る付表　※　納税管理人の届出の場合に限り番号要
- 更正の請求書
- 納税管理人の届出書
- 納税管理人の解任届出書
- 審査請求人の地位承継及び総代選任の届出書
- 審査請求人の地位の承継の許可申請書
- 再調査の請求人の地位承継許可申請書（異議申立人の地位承継許可申請書）

（出典）　国税庁ホームページ

第2章 国税分野における番号法に基づく本人確認

（参考資料２）番号法に基づく本人確認に必要な確認書類等
【Ⅰ．本人から個人番号の提供を受ける場合】

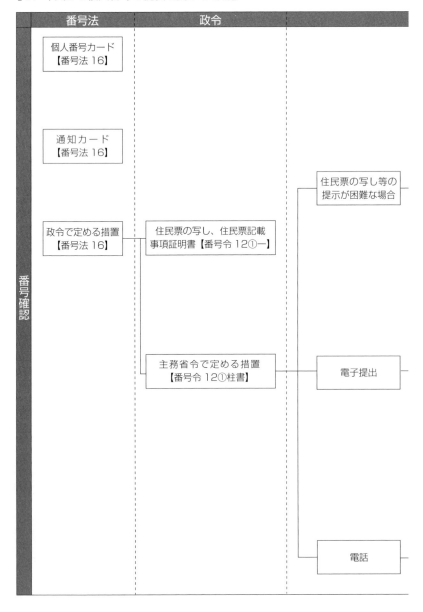

（参考資料２）番号法に基づく本人確認に必要な確認書類等

| 主務省令 |

- 地方公共団体情報システム機構への確認（個人番号利用事務実施者）【番号規３①一】
- 過去に本人確認の上作成している特定個人情報ファイルの確認【番号規３①五】
- 官公署又は個人番号利用事務実施者・個人番号関係事務実施者から発行・発給された書類その他これに類する書類であって個人番号利用事務実施者が適当と認めるもの【告示５】【番号規３①六】

- 個人番号カード（ICチップの読み取り）【番号規４一】
- 地方公共団体情報システム機構への確認（個人番号利用事務実施者）【番号規４二イ】
- 過去に本人確認の上作成している特定個人情報ファイルの確認【番号規４二イ】
- 官公署若しくは個人番号利用事務実施者・個人番号関係事務実施者から発行・発給された書類その他これに類する書類であって個人番号利用事務実施者が適当と認めるもの【告示９】若しくはその写しの提出又は当該書類について個人番号利用事務実施者が適当と認める方法【告示10】による電磁的記録の送信【番号規４二ロ】

- 過去に本人確認の上作成している特定個人情報ファイルの確認【番号規３④】
（過去に本人確認を行って特定個人情報ファイルをあらかじめ作成している場合に限る。）

第2章　国税分野における番号法に基づく本人確認

【Ⅰ．本人から個人番号の提供を受ける場合】

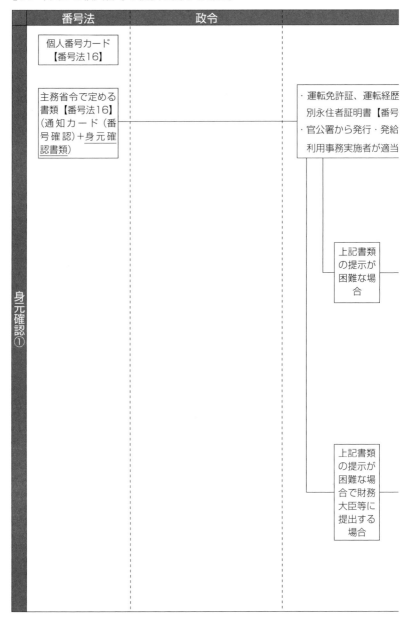

（参考資料２）番号法に基づく本人確認に必要な確認書類等

主務省令

証明書、旅券、身体障害者手帳、精神障害者保健福祉手帳、療育手帳、在留カード、特規１①一】
された書類その他これに類する書類であって、写真の表示等の措置が施され、個人番号と認めるもの【告示１】【番号規１①二】

・以下の書類を２つ以上【番号規１①三】
ア　公的医療保険の被保険者証、年金手帳、児童扶養手当証書、特別児童扶養手当証書等
イ　官公署又は個人番号利用事務実施者・個人番号関係事務実施者から発行・発給された書類その他これに類する書類であって個人番号利用事務実施者が適当と認めるもの【告示２】（写真の表示なし）

・以下による確認【番号規１③】
ア　公的医療保険の被保険者証、年金手帳、児童扶養手当証書、特別児童扶養手当証書等の確認
イ　申告書等に添付された書類であって、本人に対し一に限り発行・発給された書類又は官公署から発行・発給された書類の確認
ウ　申告書等に記載されている預貯金口座の名義人の氏名、金融機関・口座番号等の確認
エ　調査において確認した事項等の個人番号の提供を行う者しか知り得ない事項の確認
オ　（アからエまでが困難であると認められる場合で、還付請求でないとき）申告書等を作成するに当たって必要となる事項又は考慮すべき事情であって財務大臣等が適当と認める事項等の確認【告示３】

第2章 国税分野における番号法に基づく本人確認

【Ⅰ．本人から個人番号の提供を受ける場合】

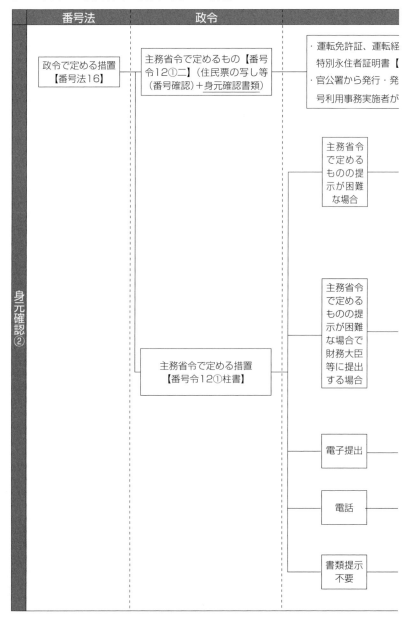

（参考資料２）番号法に基づく本人確認に必要な確認書類等

主務省令

歴証明書、旅券、身体障害者手帳、精神障害者保健福祉手帳、療育手帳、在留カード、番号規２一］
給された書類その他これに類する書類であって、写真の表示等の措置が施され、個人番
適当と認めるもの【告示４】【番号規２二】

・以下の書類を２つ以上【番号規３②】
ア　公的医療保険の被保険者証、年金手帳、児童扶養手当証書、特別児童扶養手当証書等
イ　官公署又は個人番号利用事務実施者・個人番号関係事務実施者から発行・発給された書類その他これに類する書類であって個人番号利用事務実施者が適当と認めるもの
【告示６】（写真の表示なし）

・以下による確認【番号規３③】
ア　公的医療保険の被保険者証、年金手帳、児童扶養手当証書、特別児童扶養手当証書等の確認
イ　申告書等に添付された書類であって、本人に対し一に限り発行・発給された書類又は官公署から発行・発給された書類の確認
ウ　申告書等に記載されている預貯金口座の名義人の氏名、金融機関・口座番号等の確認
エ　調査において確認した事項等の個人番号の提供を行う者しか知り得ない事項の確認
オ　（アからエまでが困難であると認められる場合で、還付請求でないとき）申告書等を作成するに当たって必要となる事項又は考慮すべき事情であって財務大臣等が適当と認める事項等の確認【告示３】

・公的個人認証による電子署名【番号規４二ハ】
・個人番号利用事務実施者が適当と認める方法【告示１１】【番号規４二ニ】

・本人しか知り得ない事項その他の個人番号利用事務実施者が適当と認める事項【告示７】の申告【番号規３④】（過去に本人確認を行って特定個人情報ファイルをあらかじめ作成している場合に限る。）

・個人番号の提供を行う者と雇用関係にあること等の事情を勘案し、本人であることが明らかと個人番号利用事務実施者が認める場合【告示８】は、身元（実存）確認書類は要しない。【番号規３⑤】

【Ⅱ．本人の代理人から個人番号の提供を受ける場合】

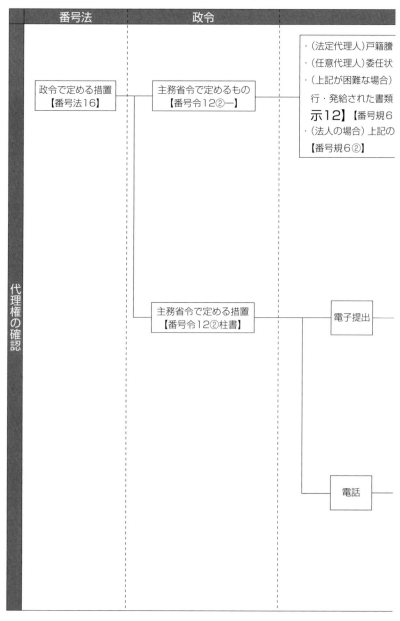

(参考資料2)番号法に基づく本人確認に必要な確認書類等

主務省令

本その他その資格を証明する書類【番号規6①一】
【番号規6①二】
官公署又は個人番号利用事務実施者・個人番号関係事務実施者から本人に対し一に限り発
その他の代理権を証明するものとして個人番号利用事務実施者が適当と認める書類【告①三】
書類であって、法人の商号又は名称及び本店又は主たる事務所の所在地が記載されたもの

・本人及び代理人の個人識別事項並びに代理権を証明する情報の送信を受けることその他の個人番号利用事務実施者が適当と認める方法【告示19】【番号規10一】

・本人及び代理人しか知り得ない事項その他の個人番号利用事務実施者が適当と認める事項【告示16】の申告【番号規9③】

177

第2章　国税分野における番号法に基づく本人確認

【Ⅱ．本人の代理人から個人番号の提供を受ける場合】

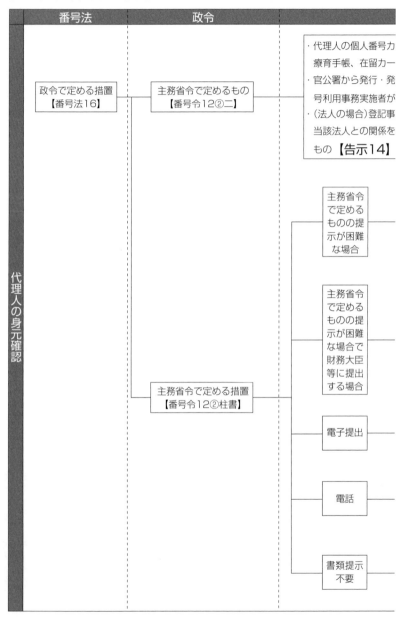

（参考資料２）番号法に基づく本人確認に必要な確認書類等

主務省令

ード、運転免許証、運転経歴証明書、旅券、身体障害者手帳、精神障害者保健福祉手帳、ド、特別永住者証明書【番号規7①一】
給された書類その他これに類する書類であって、写真の表示等の措置が施され、個人番号適当と認めるもの【告示13】【番号規7①二】
項証明書その他の官公署から発行・発給された書類及び現に個人番号の提供を行う者と証する書類その他これらに類する書類であって個人番号利用事務実施者が適当と認める【番号規7②】

・以下の書類を２つ以上【番号規9①】
ア　公的医療保険の被保険者証、年金手帳、児童扶養手当証書、特別児童扶養手当証書等
イ　官公署又は個人番号利用事務実施者・個人番号関係事務実施者から発行・発給された書類その他これに類する書類であって個人番号利用事務実施者が適当と認めるもの
【告示15】（写真の表示なし）

・税理士等から提供を受けるときは、税理士名簿等の確認　【番号規9②】

・代理人の公的個人認証による電子署名の送信を受けることその他の個人番号利用事務実施者が適当と認める方法【告示20】【番号規10二】

・本人及び代理人しか知り得ない事項その他の個人番号利用事務実施者が適当と認める事項【告示16】の申告【番号規9③】
（過去に本人確認を行って特定個人情報ファイルをあらかじめ作成している場合に限る。）

・個人番号の提供を行う者と雇用関係にあること等の事情を勘案し、代理人本人であることが明らかと個人番号利用事務実施者が認める場合【告示17】は、身元（実存）確認書類は要しない【番号規9④】

第2章　国税分野における番号法に基づく本人確認

【Ⅱ．本人の代理人から個人番号の提供を受ける場合】

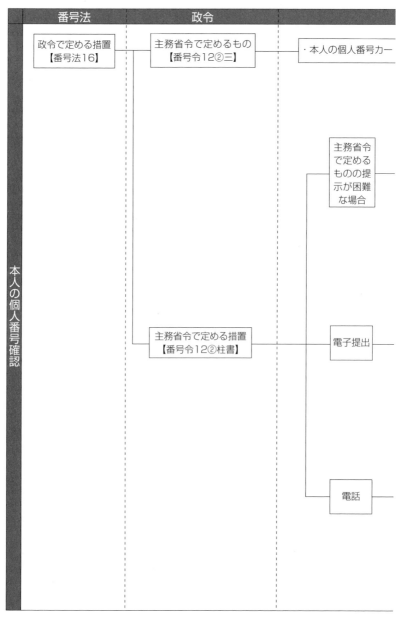

（参考資料２）番号法に基づく本人確認に必要な確認書類等

主務省令

ド、通知カード、住民票の写し、住民票記載事項証明書（これらの写し）【番号規8】

- 地方公共団体情報システム機構への確認（個人番号利用事務実施者）【番号規9⑤一】
- 過去に本人確認の上作成している特定個人情報ファイルの確認【番号規9⑤五】
- 官公署又は個人番号利用事務実施者・個人番号関係事務実施者から発行・発給された書類その他これに類する書類であって個人番号利用事務実施者が適当と認める書類【告示18】【番号規9⑤六】

- 地方公共団体情報システム機構への確認（個人番号利用事務実施者）【番号規10三イ】
- 過去に本人確認の上作成している場合当該特定個人情報ファイルの確認【番号規10三イ】
- 個人番号利用事務実施者が適当と認める書類【告示21】若しくはその写しの提出又は当該書類について個人番号利用事務実施者が適当と認める方法【告示22】により電磁的記録の送信【番号規10三ロ】

- 過去に本人確認の上作成している特定個人情報ファイルの確認　【番号規9③】
（過去に本人確認を行って特定個人情報ファイルをあらかじめ作成している場合に限る。）

181

(参考資料３）本人から個人番号の提供を受ける場合の告示（告示１～11）

告示１　【身元（実在）確認書類】

個人番号利用事務実施者が適当と認める書類等	具体例
税理士法施行規則（昭和26年大蔵省令55号）第12条に規定する税理士証票（提示時において有効なものに限る。以下「税理士証票」という。）	税理士証票
本人の写真の表示のある身分証明書等（学生証又は法人若しくは官公署が発行した身分証明書若しくは資格証明書をいう。以下同じ。）で、個人識別事項の記載があるもの（提示時において有効なものに限る。以下「写真付身分証明書等」という。）	写真付き学生証
	写真付き身分証明書
	写真付き社員証
	写真付き資格証明書（船員手帳、海技免状、狩猟・空気銃所持許可証、宅地建物取引士証（宅地建物取引主任者証）、電気工事士免状、無線従事者免許証、認定電気工事従事者認定証、特種電気工事資格者認定証、耐空検査員の証、航空従事者技能証明書、運航管理者技能検定合格証明書、動力車操縦者運転免許証、教習資格認定証、検定合格証（警備員に関する検定の合格証）等）
戦傷病者手帳その他官公署から発行又は発給をされた本人の写真の表示のある書類で、個人識別事項の記載があるもの（提示時において有効なものに限る。以下「写真付公的書類」という。）	戦傷病者手帳
規則第１条第１項第３号ロに規定する個人番号利用事務等実施者（以下「個人番号利用事務等実施者」という。）が発行した書類であって識別符	カード等に電子的に記録された個人識別事項（氏名及び住所又は生年月日）を下記の方法により、提供を受ける者の端末等に表示させることに

号又は暗証符号等による認証により当該書類に電磁的方法により記録された個人識別事項を認識できるもの（提示時において有効なものに限る。）	よる確認 　暗証番号による認証 　生体認証 　２次元バーコードの読取り
個人番号利用事務等実施者が過去に本人であることの確認を行った上で個人識別事項を印字した書類であって、本人に対して交付又は送付したもの（当該書類を使用して当該個人番号利用事務等実施者に対して提出する場合に限る。）	税務署から送付されるプレ印字申告書（所得税申告書、個人消費税申告書、法定調書合計表等） 個人番号関係事務実施者から送付される個人識別事項（氏名及び住所又は生年月日）がプレ印字された書類
官公署又は個人番号利用事務実施者が過去に本人であることの確認を行った上で個人識別事項を印字した書類であって、本人に対して交付又は送付したもの（当該書類を申告書又は申請書等と併せて個人番号利用事務等実施者に対して提示又は提出する場合に限る。）	手書き申告書等に添付された未記入のプレ印字申告書 確定申告のお知らせはがき 所得税の予定納税額の通知書 譲渡所得返信はがき付リーフレット 贈与税のお知らせはがき

※　有効期限が明示されていない写真付き身分証明書なども身元（実在）確認書類となります。

※　「個人番号利用事務等実施者が過去に本人であることの確認を行った上で個人識別事項を印字した書類であって、本人に対して交付又は送付したもの（当該書類を使用して当該個人番号利用事務等実施者に対して提出する場合に限る。）」とは、例えば、事業者が氏名・住所等、個人識別事項を印字した書類を顧客に送付し、顧客からその書類の返送を受けることが該当します。

　この場合、事業者は個人識別事項を印字した書類を顧客に交付又は送付するまでの間に、交付又は送付する相手が本人に相違ないことの確認を行う必要があります。

告示2 【運転免許証等の原則的書類の提示が困難な場合の身元（実在）確認書類】	
個人番号利用事務実施者が適当と認める書類等	具体例
本人の写真の表示のない身分証明書等で、個人識別事項の記載があるもの（提示時において有効なものに限る。以下「写真なし身分証明書等」という。）	学生証（写真なし）
	身分証明書（写真なし）
	社員証（写真なし）
	資格証明書（写真なし）（生活保護受給者証、恩給等の証書等）
国税若しくは地方税の領収証書、納税証明書又は社会保険料若しくは公共料金の領収証書で領収日付の押印又は発行年月日及び個人識別事項の記載があるもの（提示時において領収日付又は発行年月日が6か月以内のものに限る。以下「国税等の領収証書等」という。）	国税、地方税、社会保険料、公共料金の領収書
	納税証明書
印鑑登録証明書、戸籍の附票の写しその他官公署から発行又は発給をされた本人の写真の表示のない書類（これらに類するものを含む。）で、個人識別事項の記載があるもの（提示時において有効なもの又は発行若しくは発給された日から6か月以内のものに限る。以下「写真なし公的書類」という。）	印鑑登録証明書
	戸籍の附票の写し（謄本若しくは抄本も可）
	住民票の写し又は住民票記載事項証明書
	母子健康手帳
所得税法（昭和40年法律第33号）に規定する源泉徴収票、支払通知書その他租税に関する法律に基づいて個人番号利用事務等実施者が本人に対して交付した書類で個人識別事項の記載があるもの（以下「本人交付用税務書類」という。）	源泉徴収票（給与所得の源泉徴収票、退職所得の源泉徴収票、公的年金等の源泉徴収票）
	支払通知書（配当等とみなす金額に関する支払通知書、オープン型証券投資信託収益の分配の支払通知書、上場株式配当等の支払通知書、特定

（参考資料３）本人から個人番号の提供を受ける場合の告示

	割引債の償還金の支払通知書）
	特定口座年間取引報告書
	未成年者口座年間取引報告書

※ 番号法第16条においては、通知カードと併せて提示する身元（実在）確認書類として、「通知カードに記載された事項がその者に係るものであることを証するものとして主務省令で定める書類」とされていることから、身元（実在）確認書類に、通知カードは含まれません。

告示３　【運転免許証等の原則的書類の提示が困難で財務大臣等に提出する場合の身元（実在）確認書類】

個人番号利用事務実施者が適当と認める書類等	具体例
修正申告書に記載された修正申告直前の課税標準額又は税額等、更正の請求書に記載された更正の請求直前の課税標準額又は税額等及び相続時精算課税を適用した贈与税申告書（選択した年分の翌年分以降の年分に限る。）に記載された過去の年分の申告において控除した特別控除額の合計額等その他これに類する事項	修正申告書に記載された修正申告直前の課税標準額又は税額等
	更正の請求書に記載された更正の請求直前の課税標準額又は税額等
	相続時精算課税を適用した贈与税申告書に記載された過去の年分の申告において控除した特別控除額の合計額等

告示４　【身元（実在）確認書類】

個人番号利用事務実施者が適当と認める書類等	具体例
税理士証票	税理士証票
写真付身分証明書等	写真付き学生証
	写真付き身分証明書
	写真付き社員証
	写真付き資格証明書（船員手帳、海技免状、狩猟・空気銃所持許可証、宅地建物取引士証（宅地建物取引主任者証）、電気工事士免状、無線従事

185

	者免許証、認定電気工事従事者認定証、特種電気工事資格者認定証、耐空検査員の証、航空従事者技能証明書、運航管理者技能検定合格証明書、動力車操縦者運転免許証、教習資格認定証、検定合格証（警備員に関する検定の合格証）等
写真付公的書類	戦傷病者手帳
個人番号利用事務等実施者が発行した書類であって識別符号又は暗証符号等による認証により当該書類に電磁的方法により記録された個人識別事項を認識できるもの（提示時において有効なものに限る。）	カード等に電子的に記録された個人識別事項（氏名及び住所又は生年月日）を下記の方法により、提供を受ける者の端末等に表示させることにより確認
	暗証番号による認証
	生体認証
	２次元バーコードの読取り
個人番号利用事務等実施者が過去に本人であることの確認を行った上で個人識別事項を印字した書類であって、本人に対して交付又は送付したもの（当該書類を使用して当該個人番号利用事務等実施者に対して提出する場合に限る。）	税務署から送付されるプレ印字申告書（所得税申告書、個人消費税申告書、法定調書合計表等）
	個人番号関係事務実施者から送付される個人識別事項（氏名及び住所又は生年月日）がプレ印字された書類
官公署又は個人番号利用事務実施者が過去に本人であることの確認を行った上で個人識別事項を印字した書類であって、本人に対して交付又は送付したもの（当該書類を申告書又は申請書等と併せて個人番号利用事務等実施者に対して提示又は提出する場合に限る。）	手書き申告書等に添付された未記入のプレ印字申告書
	確定申告のお知らせはがき
	所得税の予定納税額の通知書
	譲渡所得返信はがき付リーフレット
	贈与税のお知らせはがき

※ 有効期限が明示されていない写真付き身分証明書なども身元（実在）確認書類となります。
※ 「個人番号利用事務等実施者が過去に本人であることの確認を行った上で個人識別事項を印字した書類であって、本人に対して交付又は送付したもの（当該書類を使用して当該個人番号利用事務等実施者に対して提出する場合に限る。）」とは、例えば、事業者が氏名・住所等、個人識別事項を印字した書類を顧客に送付し、顧客からその書類の返送を受けることが該当します。
　この場合、事業者は個人識別事項を印字した書類を顧客に交付又は送付するまでの間に、交付又は送付する相手が本人に相違ないことの確認を行う必要があります。

告示5	【住民票の写し等の原則的書類の提示が困難な場合の番号確認書類】
個人番号利用事務実施者が適当と認める書類等	具体例
官公署又は個人番号利用事務等実施者が発行又は発給をした書類で個人番号及び個人識別事項の記載があるもの	マイナンバーカード（個人番号カード）（裏面）
自身の個人番号に相違ない旨の本人による申立書（提示時において作成した日から6か月以内のものに限る。）	自身の個人番号に相違ない旨の申立書
行政手続における特定の個人を識別するための番号の利用等に関する法律の規定による通知カード及び個人番号カード並びに情報提供ネットワークシステムによる特定個人情報の提供等に関する省令（平成26年総務省令第85号）第15条の規定により還付された通知カード（以下「還付された通知カード」という。）又は同省令第32条第1項の規定により還付された個人番号カード（以下「還付された個人番号カード」という。）	国外転出者に還付されるマイナンバーカード（個人番号カード）又は通知カード

※ 「自身の個人番号に相違ない旨の申立書」は、本人の署名や押印があるなど、本人が作成したものと認識できる書類であることが必要です。なお、申立書には、個

人番号の提供を行う者の個人番号及び個人識別事項（氏名及び住所又は生年月日）の記載が必要となります。

なお、「自身の個人番号に相違ない旨の申立書」は、他の番号確認書類の提示が困難な場合など例外的な場面での使用を予定したものであることにご留意ください。

告示6 【運転免許証等の原則的書類の提示が困難な場合の身元（実在）確認書類】

個人番号利用事務実施者が適当と認める書類等	具体例
写真なし身分証明書等	学生証（写真なし）
	身分証明書（写真なし）
	社員証（写真なし）
	資格証明書（写真なし）（生活保護受給者証、恩給等の証書等）
国税等の領収証書等	国税、地方税、社会保険料、公共料金の領収書
	納税証明書
写真なし公的書類	印鑑登録証明書
	戸籍の附票の写し（謄本若しくは抄本も可）
	住民票の写し又は住民票記載事項証明書
	母子健康手帳
本人交付用税務書類	源泉徴収票（給与所得の源泉徴収票、退職所得の源泉徴収票、公的年金等の源泉徴収票）
	支払通知書（配当等とみなす金額に関する支払通知書、オープン型証券投資信託収益の分配の支払通知書、上場株式配当等の支払通知書、特定割引債の償還金の支払通知書）
	特定口座年間取引報告書 未成年者口座年間取引報告書

（参考資料３）本人から個人番号の提供を受ける場合の告示

※　番号法第16条においては、通知カードと併せて提示する身元（実在）確認書類として、「通知カードに記載された事項がその者に係るものであることを証するものとして主務省令で定める書類」とされていることから、身元（実在）確認書類に、通知カードは含まれません。

告示７	【電話により個人番号の提供を受ける場合に身元（実在）確認をするために申告を受ける事項】	
個人番号利用事務実施者が適当と認める書類等	具体例
個人番号利用事務等実施者により各人別に付された番号、本人との取引や給付等を行う場合において使用している金融機関の口座番号（本人名義に限る。）、証券番号、直近の取引年月日等の取引固有の情報等のうちの複数の事項	社員番号
	職員番号
	契約番号
	保険始期日（保険終期日）
	保険契約者名
	被保険者名
	保険金受取人名
	顧客番号、顧客ID
	証券番号
	口座番号
	取引口座に係る指定した時点の銘柄や残高
	直近の取引年月日

※　電話による確認は、個人番号利用事務等実施者が、過去に本人確認を行って特定個人情報ファイルをあらかじめ作成している場合に限られています。また、単に電話により本人確認を行うことを認めているものではなく、例えば、郵送やオンラインにより個人番号の提供を受けた際に、本人確認書類が添付されていない等により本人確認ができないとの理由で、個人番号の提供を行った者に対して電話により本人確認を行うことは認められません。

告示8	【本人であることが明らかであるため身元（実在）確認書類の提示を不要とする場合】	
個人番号利用事務実施者が適当と認める書類等		具体例
雇用契約成立時等に本人であることの確認を行っている雇用関係その他これに準ずる関係にある者であって、知覚すること等により、個人番号の提供を行う者が通知カード若しくは令第12条第1項第1号に掲げる書類に記載されている個人識別事項又は規則3条1項各号に掲げる措置により確認される個人識別事項により識別される特定の個人と同一の者であること（以下「個人番号の提供を行う者が本人であること」という。）が明らかな場合		雇用関係にある者から個人番号の提供を受ける場合で、その者を対面で確認することによって本人であることが確認できる場合
所得税法に規定する控除対象配偶者又は扶養親族その他の親族（以下「扶養親族等」という。）であって、知覚すること等により、個人番号の提供を行う者が本人であることが明らかな場合		扶養親族等から個人番号の提供を受ける場合で、その者を対面で確認することによって本人であることが確認できる場合
過去に本人であることの確認を行っている同一の者から継続して個人番号の提供を受ける場合で、知覚すること等により、個人番号の提供を行う者が本人であることが明らかな場合		継続取引を行っている者から個人番号の提供を受ける場合で、その者を対面で確認することによって本人であることが確認できる場合

※ 「知覚すること等により、個人番号の提供を行う者が本人であることが明らかな場合」とは、例えば、対面により個人番号の提供を行った顧客が本人であることを確認できる場合をいいます。
※ 同じ講師に対して1年に1回講演を依頼（契約は毎年締結）する場合等も、「同一の者から継続して個人番号の提供を受ける場合」に該当します。

(参考資料３)本人から個人番号の提供を受ける場合の告示

※ 「本人であることの確認」は、番号法や税法で定めるもの、国税庁告示で定めるものと同程度の身元(実在)確認書類による確認を行う必要があります。

告示9	【電子的に個人番号の提供を受ける場合の番号確認書類】
個人番号利用事務実施者が適当と認める書類等	具体例
個人番号カード又は通知カード	マイナンバーカード(個人番号カード)、通知カード
還付された個人番号カード又は還付された通知カード	国外転出者に還付されるマイナンバーカード(個人番号カード)又は通知カード
住民基本台帳法(昭和42年法律第81号)第12条第１項に規定する住民票の写し又は住民票記載事項証明書(以下「住民票の写し又は住民票記載事項証明書」という。)であって、氏名、出生の年月日、男女の別、住所及び個人番号が記載されたもの	住民票の写し、住民票記載事項証明書(個人番号が記載されたものに限る)
官公署又は個人番号利用事務等実施者が発行又は発給をした書類で個人番号及び個人識別事項の記載があるもの	国税に関する書類には該当するものはありません。
自身の個人番号に相違ない旨の本人による申立書(提示時において作成した日から6か月以内のものに限る。)	自身の個人番号に相違ない旨の申立書

※ 「自身の個人番号に相違ない旨の申立書」は、本人の署名や押印があるなど、本人が作成したものと認識できる書類であることが必要です。なお、申立書には、個人番号の提供を行う者の個人番号及び個人識別事項(氏名及び住所又は生年月日)の記載が必要となります。
　なお、「自身の個人番号に相違ない旨の申立書」は、他の番号確認書類の提示が困難な場合など例外的な場面での使用を予定したものであることにご留意ください。

告示10 【電子的に個人番号の提供を受ける場合の番号確認書類の送信方法】	
個人番号利用事務実施者が適当と認める書類等	具体例
個人番号利用事務等実施者の使用に係る電子計算機と個人番号の提供を行う者の使用に係る電子計算機とを電気通信回線で接続した電子情報処理組織を使用して本人から提供を受ける方法（以下「個人番号の提供を行う者の使用に係る電子計算機による送信」という。）	告示９の書類のイメージデータ等（画像データ、写真等）による電子的送信

告示11 【電子的に個人番号の提供を受ける場合の身元（実在）確認方法】	
個人番号利用事務実施者が適当と認める書類等	具体例
国税手続電子証明書（国税関係法令に係る行政手続等における情報通信の技術の利用に関する省令（平成15年財務省令第71号。以下「オン化省令」という。）第２条第１項第２号に規定する電子証明書（同号ロに該当するものを除く。）をいう。）及び当該国税手続電子証明書により確認される電子署名（電子署名及び認証業務に関する法律（平成12年法律第102号。以下「電子署名法」という。）第２条第１項に規定する電子署名をいう。以下「電子署名」という。）が行われた当該提供に係る情報の送信を受けること（個人番号利用事務実施者が提供を受ける場合に限る。）	e-Taxで認めている電子証明書（個人番号利用事務実施者が提供を受ける場合のみ）
民間電子証明書（電子署名法第４条第１項に規定する認定を受けた者が	電子署名法第４条第１項に規定する認定を受けた者が発行し、かつ、そ

発行し、かつ、その認定に係る業務の用に供する電子証明書（個人識別事項の記録のあるものに限る。）をいう。）及び当該民間電子証明書により確認される電子署名が行われた当該提供に係る情報の送信を受けること（個人番号関係事務実施者が提供を受ける場合に限る。）	の認定に係る業務の用に供する電子証明書（個人番号関係事務実施者が提供を受ける場合のみ）
個人番号カード、運転免許証、旅券その他官公署又は個人番号利用事務等実施者から本人に対し一に限り発行され、又は発給をされた書類その他これに類する書類であって、個人識別事項の記載があるものの提示（提示時において有効なものに限る。）若しくはその写しの提出を受けること又は個人番号の提供を行う者の使用に係る電子計算機による送信を受けること	身元（実在）確認書類（マイナンバーカード（個人番号カード）、運転免許証、旅券）のイメージデータ等（画像データ、写真等）による電子的送信
個人番号関係事務実施者が本人であることの確認を行った上で本人に対して一に限り発行する識別符号及び暗証符号等により認証する方法	個人番号関係事務実施者が本人であることを確認した上で発行するID及びパスワード

※　「本人に対して一に限り発行する識別符号及び暗証符号等」は、なりすまし防止の観点から、雇用元等が従業員等に対してあらかじめ本人確認をした上で、本人に対して一に限り発行したID及びパスワードである必要があり、従業員自身が設定するID及びパスワードは身元（実在）確認方法としては不十分です。

※　本人に対して固有の識別符号及び暗証符号を交付した後、本人が任意の識別符号及び暗証符号に変更（既に登録されているものとの重複は許されない。）できる場合、当初の識別符号及び暗証符号と関連付けることなどの方法により、雇用元等において、現に手続を行っている者が本人に相違ないことが確認できる場合には、「本人に対して一に限り発行する識別符号及び暗証符号等」に該当します。

〈本人の代理人から個人番号の提供を受ける場合の告示（告示12～22）〉

告示12	【戸籍謄本、委任状等の原則的書類の提示が困難な場合の代理権確認書類】

個人番号利用事務実施者が適当と認める書類等	具体例
本人の署名及び押印並びに代理人の個人識別事項の記載及び押印があるもの（税理士法（昭和26年法律第237号）第2条第1項の事務を行う者から個人番号の提供を受ける場合を除く。）	本人並びに代理人の個人識別事項（氏名及び住所又は生年月日）の記載及び押印のある書類
個人番号カード、運転免許証、旅券その他官公署又は個人番号利用事務等実施者から本人に対し一に限り発行され、又は発給をされた書類その他これに類する書類であって、個人識別事項の記載があるもの（提示時において有効なものに限り、税理士法第二条第一項の事務を行う者から個人番号の提供を受ける場合を除く。）	本人しか持ち得ない書類（例：マイナンバーカード（個人番号カード）、健康保険証）

※ 本人の氏名、生年月日及び代理人である法人の商号を名称に含む健康保険組合が発行した健康保険被保険者証は、「個人番号利用事務等実施者から本人に対し一に限り発行され、又は発給をされた書類その他これに類する書類であって、個人識別事項の記載があるもの」に該当します。

告示13	【代理人の身元（実在）確認書類】

個人番号利用事務実施者が適当と認める書類等	具体例
税理士証票	税理士証票
写真付身分証明書等	写真付き学生証
	写真付き身分証明書
	写真付き社員証
	写真付き資格証明書（船員手帳、海技免状、狩猟・空気銃所持許可証、

（参考資料３）本人から個人番号の提供を受ける場合の告示

	宅地建物取引士証（宅地建物取引主任者証）、電気工事士免状、無線従事者免許証、認定電気工事従事者認定証、特種電気工事資格者認定証、耐空検査員の証、航空従事者技能証明書、運航管理者技能検定合格証明書、動力車操縦者運転免許証、教習資格認定証、検定合格証（警備員に関する検定の合格証）等）
写真付公的書類	戦傷病者手帳
個人番号利用事務等実施者が発行した書類であって識別符号又は暗証符号等による認証により当該書類に電磁的方法により記録された個人識別事項を認識できるもの（提示時において有効なものに限る。）	カード等に電子的に記録された個人識別事項（氏名及び住所又は生年月日）を下記の方法により、提供を受ける者の端末等に表示させることによる確認
	暗証番号による認証
	生体認証
	２次元バーコードの読取り

告示14 【代理人が法人の場合の身元（実在）確認書類】

個人番号利用事務実施者が適当と認める書類等	具体例
登記事項証明書、印鑑登録証明書その他の官公署から発行又は発給をされた書類その他これに類する書類であって、当該法人の商号又は名称及び本店又は主たる事務所の所在地の記載があるもの（提示時において有効なもの又は発行若しくは発給をされた日から６か月以内のものに限る。以下「登記事項証明書等」という。）並びに社員証等、現に個人番号の提	下記の書類及び社員証等の法人との関係を証する書類（社員証等が発行されない場合は「法人の従業員である旨の証明書」）
	登記事項証明書（登記情報提供サービスの登記情報を電子計算機を用いて出力することにより作成した書面を含む）
	印鑑登録証明書

供を行う者と当該法人との関係を証する書類（以下「社員証等」という。）	
国税等の領収証書等（当該法人の商号又は名称及び本店又は主たる事務所の所在地の記載があるもので、提示時において領収日付又は発行年月日が6か月以内のものに限る。以下「法人に係る国税等の領収証書等」という。）及び社員証等	下記の書類及び社員証等の法人との関係を証する書類（社員証等が発行されない場合は「法人の従業員である旨の証明書」）
	国税、地方税、社会保険料、公共料金の領収書
	納税証明書

※ 人格のない社団など登記されていない団体の定款や規約、会員名簿の写しは、「官公署から発行又は発給をされた書類その他これに類する書類」には該当しません。

告示15 【運転免許証等の原則的書類の提示が困難な場合の代理人の身元（実在）確認書類】

個人番号利用事務実施者が適当と認める書類等	具体例
写真なし身分証明書等	学生証（写真なし）
	身分証明書（写真なし）
	社員証（写真なし）
	資格証明書（写真なし）（生活保護受給者証、恩給等の証書等）
国税等の領収証書等	国税、地方税、社会保険料、公共料金の領収書
	納税証明書
写真なし公的書類	印鑑登録証明書
	戸籍の附票の写し（謄本若しくは抄本も可）
	住民票の写し又は住民票記載事項証明書
	母子健康手帳

（参考資料３）本人から個人番号の提供を受ける場合の告示

本人交付用税務書類	源泉徴収票（給与所得の源泉徴収票、退職所得の源泉徴収票、公的年金等の源泉徴収票）
	支払通知書（配当等とみなす金額に関する支払通知書、オープン型証券投資信託収益の分配の支払通知書、上場株式配当等の支払通知書、特定割引債の償還金の支払通知書）
	特定口座年間取引報告書 未成年者口座年間取引報告書

※　番号法第16条においては、通知カードと併せて提示する身元（実在）確認書類として、「通知カードに記載された事項がその者に係るものであることを証するものとして主務省令で定める書類」とされていることから、身元（実在）確認書類に、通知カードは含まれません。

告示16　【電話により個人番号の提供を受ける場合に代理人の身元（実在）確認をするために申告を受ける事項】

個人番号利用事務実施者が適当と認める書類等	具体例
本人と代理人の関係及び個人番号利用事務等実施者により各人別に付された番号、本人との取引や給付等を行う場合において使用している金融機関の口座番号（本人名義に限る。）、証券番号、直近の取引年月日等の取引固有の情報等のうちの複数の事項	社員番号
	職員番号
	契約番号
	保険始期日（保険終期日）
	保険契約者名
	被保険者名
	保険金受取人名
	顧客番号、顧客ID
	証券番号
	口座番号
	取引口座に係る指定した時点の銘柄や残高
	直近の取引年月日

告示17	【本人であることが明らかであるため代理人の身元（実在）確認書類の提示を不要とする場合】
個人番号利用事務実施者が適当と認める書類等	具体例
雇用契約成立時等に本人であることの確認を行っている雇用関係その他これに準ずる関係にある者であって、知覚すること等により、本人の代理人として個人番号を提供する者が令第12条第2項第1号に掲げる書類に記載されている個人識別事項により識別される特定の個人と同一の者であること（以下「個人番号の提供を行う者が本人の代理人であること」という。）が明らかな場合	雇用関係にある者から個人番号の提供を受ける場合で、その者を対面で確認することによって本人の代理人であることが確認できる場合
扶養親族等であって、知覚すること等により、個人番号の提供を行う者が本人の代理人であることが明らかな場合	扶養親族等から個人番号の提供を受ける場合で、その者を対面で確認することによって本人の代理人であることが確認できる場合
過去に本人であることの確認を行っている同一の者から継続して個人番号の提供を受ける場合で知覚すること等により、個人番号の提供を行う者が本人の代理人であることが明らかな場合	継続取引を行っている者から個人番号の提供を受ける場合で、その者を対面で確認することによって本人の代理人であることが確認できる場合
代理人が法人であって、過去に個人番号利用事務等実施者に対し規則第7条第2項に定める書類の提示を行っていること等により、個人番号の提供を行う者が本人の代理人であることが明らかな場合	過去に実存確認をしている場合（法人代理人の場合）

※ 過去に、個人番号の提供とは異なる手続において、登記事項証明書等により代理人となる法人の名称、所在地等を確認し、その実存を確認している場合には、当該法人の実存が明らかと認められることなどから、「代理人が法人であって、過去に

（参考資料３）本人から個人番号の提供を受ける場合の告示

個人番号利用事務等実施者に対し規則第７条第２項に定める書類の提示を行っていること等により、個人番号の提供を行う者が本人の代理人であることが明らかな場合」に該当します。

告示18 【マイナンバーカード等の原則的書類の提示が困難な場合の本人の個人番号確認書類】

個人番号利用事務実施者が適当と認める書類等	具体例
官公署又は個人番号利用事務等実施者が発行又は発給をした書類で個人番号及び個人識別事項の記載があるもの	国税に関する書類には該当するものはありません。
自身の個人番号に相違ない旨の本人による申立書（提示時において作成した日から六か月以内のものに限る。）	自身の個人番号に相違ない旨の申立書
還付された個人番号カード又は還付された通知カード	国外転出者に還付されるマイナンバーカード（個人番号カード）又は通知カード

※ 「自身の個人番号に相違ない旨の申立書」は、本人の署名や押印があるなど、本人が作成したものと認識できる書類であることが必要です。なお、申立書には、個人番号の提供を行う者の個人番号及び個人識別事項（氏名及び住所又は生年月日）の記載が必要となります。
　なお、「自身の個人番号に相違ない旨の申立書」は、他の番号確認書類の提示が困難な場合など例外的な場面での使用を予定したものであることにご留意ください。

告示19 【電子的に個人番号の提供を受ける場合の代理権確認方法】

個人番号利用事務実施者が適当と認める書類等	具体例
本人及び代理人の個人識別事項並びに本人の代理人として個人番号の提供を行うことを証明する情報の送信を受けること	委任状（税務代理権限証書）のデータの送信
オン化省令第４条第２項の規定に基づき本人に通知した識別符号を入力して、当該提供に係る情報の送信を	本人の利用者識別番号を入力した上での送信

199

受けること	

告示20【電子的に個人番号の提供を受ける場合の代理人の身元（実在）確認方法】

個人番号利用事務実施者が適当と認める書類等	具体例
代理人に係る署名用電子証明書及び当該署名用電子証明書により確認される電子署名が行われた当該提供に係る情報の送信を受けること（公的個人認証法第17条第4項に規定する署名検証者又は同条五項に規定する署名確認者が個人番号の提供を受ける場合に限る。）	代理人の署名用電子証明書
代理人に係る国税手続電子証明書及び当該国税手続電子証明書により確認される電子署名が行われた当該提供に係る情報の送信を受けること（個人番号利用事務実施者が提供を受ける場合に限る。）	代理人のe-Taxで認めている電子証明書（個人番号利用事務実施者が提供を受ける場合のみ）
代理人に係る民間電子証明書及び当該民間電子証明書により確認される電子署名が行われた当該提供に係る情報の送信を受けること（個人番号関係事務実施者が提供を受ける場合に限る。）	代理人の電子署名法第四条第一項に規定する認定を受けた者が発行し、かつ、その認定に係る業務の用に供する電子証明書（個人番号関係事務実施者が提供を受ける場合のみ）
代理人が法人である場合には、商業登記法（昭和38年法律第125号）第12条の2第1項及び第3項の規定に基づき登記官が作成した電子証明書並びに当該電子証明書により確認される電子署名が行われた当該提供に係る情報の送信を受けること	法人代理人の電子証明書（商業登記認証局が発行する電子証明書）

(参考資料３) 本人から個人番号の提供を受ける場合の告示

（個人番号関係事務実施者が提供を受ける場合に限る。）	
個人番号関係事務実施者が本人であることの確認を行った上で代理人に対して一に限り発行する識別符号及び暗証符号等により認証する方法	個人番号関係事務実施者が本人であることを確認した上で発行するID及びパスワード
個人番号カード、運転免許証、旅券その他官公署又は個人番号利用事務等実施者から代理人に対し一に限り発行され、又は発給をされた書類その他これに類する書類であって、個人識別事項の記載があるものの提示（提示時において有効なものに限る。）若しくはその写しの提出を受けること又は個人番号の提供を行う者の使用に係る電子計算機による送信を受けること	代理人の身元（実在）確認書類（マイナンバーカード（個人番号カード）、運転免許証、旅券）のイメージデータ等（画像データ、写真等）による電子的送信
以下、代理人が法人であってその従業員等から提供を受ける場合	
本人の代理人（当該代理人が法人の場合に限る。）の社員等から個人番号の提供を受ける場合には、登記事項証明書等及び社員証等の提示を受けること若しくはその写しの提出を受けること又は個人番号関係事務実施者の使用に係る電子計算機と個人番号の提供を行う者の使用に係る電子計算機とを電気通信回線で接続した電子情報処理組織を使用して提供を受けること（登記事項証明書等については、過去に当該法人から当該書類の提示等を受けている場合には、当該書類の提示等に代えて過去にお	下記の書類及び社員証等の法人との関係を証する書類（社員証等が発行されない場合は「法人の従業員である旨の証明書」）のイメージデータ等（画像データ、写真等）による電子的送信 登記事項証明書（登記情報提供サービスの登記情報を電子計算機を用いて出力することにより作成した書面を含む） 印鑑登録証明書

いて提示等を受けた書類等を確認する方法によることができる。）	
本人の代理人（当該代理人が法人の場合に限る。）の社員等から個人番号の提供を受ける場合には、法人に係る国税等の領収証書等及び社員証の提示を受けること若しくはその写しの提出を受けること又は個人番号関係事務実施者の使用に係る電子計算機と個人番号の提供を行う者の使用に係る電子計算機とを電気通信回線で接続した電子情報処理組織を使用して提供を受けること（法人に係る国税等の領収証書等については、過去に当該法人から当該書類の提示等を受けている場合には、当該書類の提示等に代えて過去において提示等を受けた書類等を確認する方法によることができる。）	下記の書類及び社員証等の法人との関係を証する書類（社員証等が発行されない場合は「法人の従業員である旨の証明書」）のイメージデータ等（画像データ、写真等）による電子的送信 国税、地方税、社会保険料、公共料金の領収書 納税証明書
本人の代理人（当該代理人が税理士法第48条の2に規定する税理士法人又は同法第51条第3項の規定により通知している弁護士法人（以下「税理士法人等」という。）の場合に限る。）に所属する税理士又は同法第51条第1項の規定により通知している弁護士（以下「税理士等」という。）から個人番号の提供を受ける場合には、当該税理士等に係る署名用電子証明書及び当該署名用電子証明書により確認される電子署名が行われた当該提供に係る情報を、オン化	税理士法人又は通知弁護士法人に所属している税理士又は通知弁護士に係る署名用電子証明書並びに利用者識別番号及び暗証番号の入力

（参考資料３）本人から個人番号の提供を受ける場合の告示

省令第４条第２項の規定に基づき当該代理人又は当該税理士等に通知した識別符号及び暗証符号を入力して送信を受ける方法（同法２条１項の事務に関し提供を受ける場合に限る。）	
本人の代理人（当該代理人が税理士法人等の場合に限る。）に所属する税理士等から個人番号の提供を受ける場合には、当該税理士等に係る国税手続電子証明書及び当該国税手続電子証明書により確認される電子署名が行われた当該提供に係る情報を、オン化省令第４条第２項の規定に基づき当該代理人又は当該税理士等に通知した識別符号及び暗証符号を入力して送信を受ける方法（同法第２条第１項の事務に関し提供を受ける場合に限る。）	税理士法人又は通知弁護士法人に所属している税理士又は通知弁護士に係るe-Taxで認めている電子証明書並びに利用者識別番号及び暗証番号の入力

告示21 【電子的に個人番号の提供を受ける場合の本人の個人番号確認書類】

個人番号利用事務実施者が適当と認める書類等	具体例
本人の個人番号カード又は通知カード	（本人の）マイナンバーカード（個人番号カード）、通知カード
本人の還付された個人番号カード又は還付された通知カード	（本人の）国外転出者に還付されるマイナンバーカード（個人番号カード）又は通知カード
本人の住民票の写し又は住民票記載事項証明書であって、氏名、出生の年月日、男女の別、住所及び個人番号が記載されたもの	（本人の）住民票の写し、住民票記載事項証明書（個人番号が記載されたものに限る）
官公署又は個人番号利用事務等実施	国税に関する書類には該当するもの

者が発行又は発給をした書類で、本人の個人番号及び個人識別事項の記載があるもの	はありません。
本人が記載した自身の個人番号に相違ない旨の本人による申立書(提示時において作成した日から6か月以内のものに限る。)	本人が記載した自身の個人番号に相違ない旨の申立書

※ 「本人が記載した自身の個人番号に相違ない旨の申立書」は、本人の署名や押印があるなど、本人が作成したものと認識できる書類であることが必要です。なお、申立書には、個人番号の提供を行う者の個人番号及び個人識別事項(氏名及び住所又は生年月日)の記載が必要となります。

なお、「本人が記載した自身の個人番号に相違ない旨の申立書」は、他の番号確認書類の提示が困難な場合など例外的な場面での使用を予定したものであることにご留意ください。

告示22	【電子的に個人番号の提供を受ける場合の本人の個人番号確認書類の送信方法】
個人番号利用事務実施者が適当と認める書類等	**具体例**
個人番号の提供を行う者の使用に係る電子計算機による送信を受けること	告示21の書類のイメージデータ等(画像データ、写真等)による電子的送信

（参考資料３）本人から個人番号の提供を受ける場合の告示

第2章　国税分野における番号法に基づく本人確認

（参考資料４）扶養控除等申告書へのマイナンバー記載に係る事業者の本人確認事務フロー

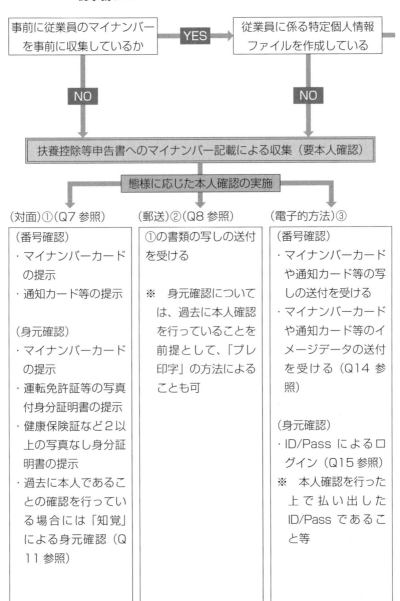

(参考資料４) 扶養控除等申告書へのマイナンバー記載に係る事業者の本人確認事務フロー

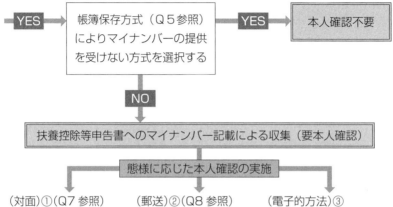

(対面)①(Q7参照)	(郵送)②(Q8参照)	(電子的方法)③
(番号確認) ・マイナンバーカードの提示 ・通知カード等の提示 ・(困難な場合は)特定個人情報ファイルとの照合(114頁〔参考〕) (身元確認) ・マイナンバーカードの提示 ・運転免許証等の写真付身分証明書の提示 ・健康保険証など2以上の写真なし身分証明書の提示 ・過去に本人確認を行っている場合には「知覚」による身元確認(Q11参照)	①の書類の写しの送付を受ける (番号確認) ・(困難な場合は)特定個人情報ファイルとの照合(114頁〔参考〕) (身元確認) 身元確認については、過去に本人確認を行っていることを前提として、「プレ印字」の方法によることも可	(番号確認) ・マイナンバーカードや通知カード等の写しの送付を受ける ・マイナンバーカードや通知カード等のイメージデータの送付を受ける(Q14参照) ・特定個人情報ファイルとの照合(Q15参照) (身元確認) ・ID/Passによるログイン(Q15参照) ※ 本人確認を行った上で払い出したID/Passであること等

207

第3章
税理士と本人確認

1 個人番号関係事務と本人に関する事務

Q 番号法の本人確認の前提となる「個人番号関係事務」について、詳しく教えてください。

A 個人番号関係事務とは、番号法9条3項の規定により個人番号利用事務に関して行われる他人の個人番号を必要な限度で利用して行う事務をいいます。

1 個人番号関係事務

事業者は、一般的には、個人番号関係事務を行うこととなります。税理士においても、顧問先企業などの事業者（以下「顧問先企業等」といいます。）の従業員等や自らの事務所で雇用している従業員等の年末調整事務等を通じて、個人番号関係事務を行うこととなります。

この個人番号関係事務について、法律的にみると、番号法で以下のとおり規定されています。

> **番号法2条11項**
>
> この法律において「個人番号関係事務」とは、第9条第3項の規定により個人番号利用事務に関して行われる他人の個人番号を必要な限度で利用して行う事務をいう。

上記の規定をみると、個人番号関係事務は、「（番号法）第9条第3項の規定により…他人の個人番号を…利用して行う事務」であるとされています。ポイントは、「番号法第9条第3項の規定」という部分です。

その番号法9条関係は、「個人番号の利用範囲」（個人番号を利用できる範囲）を定めており、1項から5項まで規定があります。そのうち、3項がこの個人番号関係事務に関する規定です。

番号法9条3項をみてみると、以下のとおり規定されています。

番号法9条3項

健康保険法…（略）…、相続税法…（略）…、厚生年金保険法…（略）…、租税特別措置法…（略）…、所得税法…（略）…、雇用保険法…（略）…又は内国税の適正な課税の確保を図るための国外送金等に係る調書の提出等に関する法律…（略）…その他の<u>法令又は条例の規定により</u>、…（略）…行政機関、地方公共団体、独立行政法人等その他の行政事務を処理する者又は地方公共団体の長その他の執行機関による第一項又は前項に規定する事務（筆者挿入：<u>個人番号利用事務</u>）の処理に関して<u>必要とされる他人の個人番号を記載した書面の提出その他の他人の個人番号を利用した事務を行うものとされた者</u>は、当該事務を行うために必要な限度で個人番号を利用することができる。当該事務の全部又は一部の委託を受けた者も、同様とする。　　　（下線は筆者による）

上記の規定を要約すると、次のようになります。

① 「法令又は条例の規定」によって、
② 「他人の個人番号を利用した事務を行うもの」と定められている者は、
③ その事務を行うために必要な限度で個人番号を利用することができる。

すなわち、法令又は条例の規定で、他人の個人番号を利用した事務を行うことができる者が定められていて、その者が必要な限度でその個人番号を利用することができるということです。

これを先にみた番号法2条11項の定義（「第9条第3項の規定により…他人の個人番号を…利用して行う事務」）と合せて考えると、個人番号関係事務とは、次のように整理できます。

```
┌─────────────────────────────────────────────┐
│ 法令又は条例の規定により、他人の個人番号を利用すると定められた者が │
│ 必要な限度でその個人番号を利用する事務           │
└─────────────────────────────────────────────┘
```

 より抽象化すると…

```
┌─────────────────────────────────────────────┐
│     法令又は条例の規定により他人の個人番号を利用する事務     │
└─────────────────────────────────────────────┘
```

　このように、個人番号関係事務とは「法令又は条例の規定により他人の個人番号を利用する事務」ということができます。

　つまり、個人番号関係事務といい得るためには、「法令又は条例の規定」がなければならないのです。単に、「他人の個人番号を利用して行う事務」を個人番号関係事務というのではなく、「法令又は条例の規定」によって、他人の個人番号を取り扱うのが個人番号関係事務であるというわけです。

　なお、個人番号関係事務の全部又は一部の委託を受けた者が行う事務も「個人番号関係事務」に該当します。

個人番号関係事務の例

〈例①〉
　事業者は、所得税法194条1項及び198条1項並びに同法施行規則73条1項及び76条の3の規定により、従業員等からその者の個人番号等が記載された扶養控除等申告書を受理して、税務署長からその提出を求められるまでの間保存することになるが、その事業者がその従業員等の個人番号を取り扱う事務は個人番号関係事務に該当する。

〈例②〉
　従業員等は、所得税法194条1項の規定により、扶養控除等申告書に控除対象配偶者や控除対象扶養親族等の個人番号等を記載して事業者に提出することになるが、従業員等がその控除対象配偶者や控除対象扶養親族等の個

人番号を取り扱う事務は個人番号関係事務に該当する。
〈例③〉
　報酬等の支払をする者は、所得税法225条１項３号及び同法施行規則84条１項により、支払調書にその支払を受ける者の個人番号等を記載して税務署長に提出することになるが、その支払をする者がその支払を受ける者の個人番号を取り扱う事務は個人番号関係事務に該当する。

2 本人に関する事務

　個人番号関係事務は、上記１のとおり、「法令又は条例の規定により他人の個人番号を利用する事務」のことであり、あくまでも「他人の個人番号」を取り扱う事務のことをいいます。

　一方で、本人（個人番号によって識別される本人）が、自らの個人番号を取り扱う事務も存在します。例えば、従業員等が扶養控除等申告書に自らの個人番号を記載したり、住民が生活保護の受給申請書に自らの個人番号を記載したりする場合などです。これらは、行政機関や地方公共団体等が個人番号利用事務として個人番号を利用するために行われるものであり、いわば「（番号法９条１項及び第２項の規定による）個人番号利用事務に対応するための事務」であるということになります。

　このように、本人が、社会保障・税に関する手続書類に自らの個人番号を記載する等の本人に関する事務（以下、便宜上「本人事務」といいます。）は、番号法上、特段の定義規定は置かれておらず、個人番号関係事務にも個人番号利用事務にも該当しないこととなります。

第3章　税理士と本人確認

> **本人事務の例**
>
> (例①)
> 　納税者は、所得税法120条1項及び同法施行規則47条の規定により、自らの個人番号等を記載した確定申告書を税務署長に提出することになるが、その納税者が自らの個人番号を取り扱う事務は本人事務に該当する。
>
> (例②)
> 　事業者（個人事業主）は、所得税法226条1項及び同法施行規則93条1項の規定により、従業員等の源泉徴収票（税務署提出用）に自らの個人番号等を記載して税務署長に提出することになるが、その事業者が自らの個人番号を取り扱う事務は本人事務に該当する。

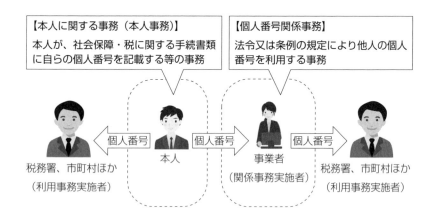

3 個人番号関係事務と本人事務

　上記1及び2の説明のとおり、個人番号関係事務は「他人の個人番号」を取り扱う事務であり、本人事務は「自らの個人番号」を取り扱う事務です。一見すると、ある一つの主体が行う事務は、個人番号関係事務か本人事務かのいずれかであると考えるかもしれません。しかしながら、実際はそうとも限りません。ある一つの主体が行う事務で、個人番号関係事務と本人事務とが混在する場合もあります。

1　個人番号関係事務と本人に関する事務

　例えば、扶養控除等申告書を記載する事務が考えられます。扶養控除等申告書には、原則として、従業員等本人の個人番号を記載することとなっています*1。これは、従業員等本人が自らの個人番号を扶養控除等申告書に記載するわけですから、「本人事務」に該当することとなります。

*1　平成28年度税制改正により、給与の支払者が一定の帳簿を備えているときは、従業員等や控除対象配偶者等の個人番号の扶養控除等申告書への記載は省略できることとなりました。

　一方、その従業員等が控除対象配偶者や控除対象扶養親族等（以下「控除対象配偶者等」といいます。）を有する場合、扶養控除等申告書には、原則として、控除対象配偶者等の個人番号も記載することとなっています。これは、従業員等が、所得税法194条1項の規定により、控除対象配偶者等（他人）の個人番号を扶養控除等申告書に記載しているので「個人番号関係事務」に該当することとなります。

　したがって、ある一つの主体が行う事務に、個人番号関係事務と本人事務とが混在する場合があるのです。

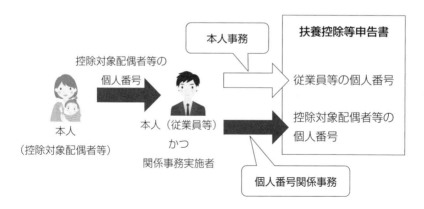

個人番号関係事務と本人事務とが混在する場合の例

(例①)

　控除対象配偶者を有する納税者が所得税確定申告を行う場合において、確定申告書に自らの個人番号のほか、その控除対象配偶者の個人番号を記載することになるところ、その納税者がその控除対象配偶者の個人番号を取り扱う事務は「個人番号関係事務」に該当するが、納税者が自らの個人番号を取り扱う事務は「本人事務」に該当する。

(例②)

　事業者（個人事業主）が従業員等の源泉徴収票（税務署提出用）を作成する場合において、源泉徴収票（税務署提出用）にその事業者（個人事業主）の個人番号のほか、その従業員等の個人番号を記載することになるところ、その事業者がその従業員等の個人番号を取り扱う事務は「個人番号関係事務」に該当するが、事業者（個人事業主）が自らの個人番号を取り扱う事務は「本人事務」に該当する。

2 個人番号を取り扱う際の税理士の位置付け

Q 税理士は、個人番号関係事務実施者として、顧問先企業等や納税者等の個人番号を取り扱うのですか。

A 税理士は、必ずしも、個人番号関係事務実施者の立場で個人番号を取り扱うわけではありません。

　税理士は、税理士業務を行う際に、例えば、顧問先企業等や納税者の個人番号を取り扱ったり、自らの事務所で雇用している従業員等の個人番号を取り扱ったりすることとなります。この場合、税理士は、その状況によって、異なった立場でそれぞれの個人番号を取り扱うこととなります。

　税理士が個人番号を取り扱う際は、基本的には、以下の三つの立場に区分されます。

① 個人番号関係事務実施者
② 本人事務を行う代理人
③ 本人事務の委託を受けた者

1 個人番号関係事務実施者

　税理士が個人番号関係事務実施者として個人番号を取り扱う場合は、次の二つの場合が考えられます。

1　顧問先企業等の個人番号関係事務を行う場合

　税理士が、税務代理又は税務書類の作成（税理士法2①一、二）の委嘱を受けて、顧問先企業等の従業員等や支払調書の対象となる支払先（以下「支払先」といいます。）等の個人番号を取り扱う場合です。すなわち、顧問先企業等の個人番号関係事務を行う場合です。

　税理士が顧問先企業等の税務代理を行う場合、税理士は代理人であることから、顧問先企業等と一体的なものとして「個人番号関係事務実施者」に該当し、税理士が顧問先企業等の従業員等や支払先の個人番号を取り扱う事務は「個人番号関係事務」に該当することになります。

　また、税理士が顧問先企業等の税務書類の作成のみを行う場合、税理士は代理人ではなく、事務の委託を受けた者であることから、個人番号関係事務の委託を受けた者として「個人番号関係事務実施者」に該当し、税理士が顧問先企業等の従業員等や支払先の個人番号を取り扱う事務は「個人番号関係事務」に該当することになります。

　なお、顧問先企業等が個人事業者である場合において、税理士がその顧問先企業等本人の個人番号を取り扱う事務は「本人事務」に該当します（下記2、3参照）。

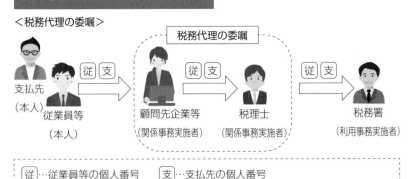

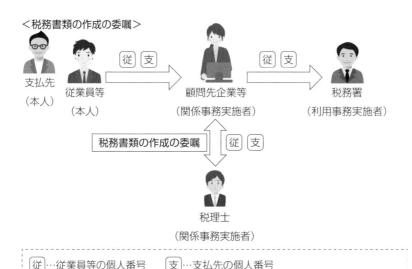

2 個人番号を取り扱う際の税理士の位置付け

② 税理士事務所の個人番号関係事務を行う場合

税理士が、自らの事務所で雇用している従業員等や支払先の個人番号を取り扱う場合です。すなわち、税理士が、個人番号関係事務実施者（一事業者）として、自らの事務所の個人番号関係事務を行う場合です。

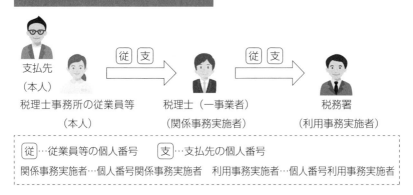

2 本人事務を行う代理人

　納税者本人が、所得税確定申告や相続税・贈与税申告等のために自らの個人番号を申告書等に記載する事務は「本人事務」に該当します。税理士は、税務代理の委嘱（税理士法2①一）を受けて、それらの申告等に関与することとなり、その場合に納税者本人の個人番号を取り扱うこととなります。

　税理士が納税者本人の税務代理人である場合、税理士は納税者本人と一体的なものとして「本人事務を行う代理人」に該当し、税理士が納税者本人の個人番号を取り扱う事務は「本人事務」に該当することになります。

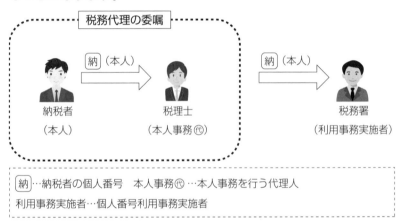

　なお、その納税者が控除対象配偶者等を有する場合において、その納税者がその控除対象配偶者等の個人番号を取り扱うのは「個人番号関係事務」に該当することから、その納税者本人と一体的なものである税理士がその控除対象配偶者等の個人番号を取り扱うのも「個人番号関係事務」に該当することとなります。したがって、このような場合、税理士は、納税者本人の個人番号を取り扱うのは「本人事務を行う代理人」、控除対象配偶者等の個人番号を取り扱う

のは「個人番号関係事務実施者」として事務を行うこととなります。

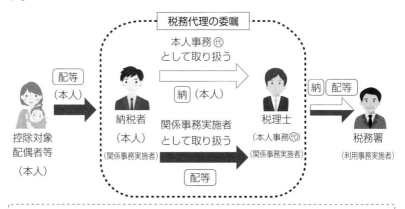

3 本人事務の委託を受けた者

　税理士は、税務代理を行わず、単に「税務書類の作成」のみの委嘱（税理士法2①二）を受ける場合もあり、この場合に納税者本人の個人番号を取り扱うこととなります。

　税理士が納税者本人の税務書類の作成のみを行う場合、税理士は「本人事務の委託を受けた者」に該当し、税理士が納税者本人の個人番号を取り扱う事務は「本人事務」に該当することになります。この点、一見すると、税理士は、事務の委託を受けた者（代理人のように本人と一体のものではない者）として、納税者という「他人」の個人番号を取り扱っていることから、「個人番号関係事務」に該当するようにみえます。しかしながら、個人番号関係事務は「法令又は条例の規定により他人の個人番号を利用する事務」をい

うのであり、税理士が納税者本人の個人番号を取り扱うのは単に民―民間の契約として取り扱っているに過ぎません。すなわち、所得税法等の法令又は条例の規定により、「税理士は納税者の個人番号を取り扱う」と規定されているわけではなく、単に納税者本人が行うべき本人事務の委託を受けて納税者本人の個人番号を取り扱っているに過ぎないことから、個人番号関係事務には該当しないこととなります。

したがって、税理士は、「本人事務の委託を受けた者」として納税者本人の個人番号を取り扱うこととなります。

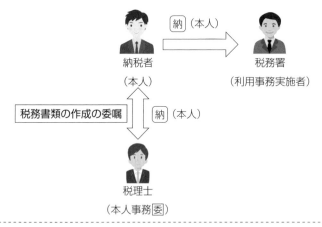

なお、その納税者が控除対象配偶者等を有する場合において、その納税者がその控除対象配偶者等の個人番号を取り扱うのは「個人番号関係事務」に該当することから、その委託を受けた税理士がその控除対象配偶者等の個人番号を取り扱うのも「個人番号関係事務」に該当することとなります。したがって、このような場合、税理士は、納税者本人の個人番号を取り扱うのは「本人事務の委託を受けた者」、控除対象配偶者等の個人番号を取り扱うのは「個人番

2 個人番号を取り扱う際の税理士の位置付け

号関係事務実施者」として事務を行うこととなります。

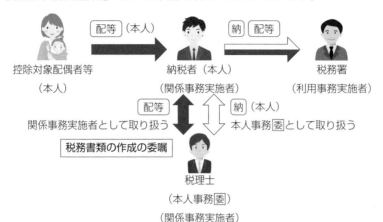

配等…控除対象配偶者等の個人番号　　納…納税者の個人番号
本人事務委…本人事務の委託を受けた者　関係事務実施者…個人番号関係事務実施者
利用事務実施者…個人番号利用事務実施者

3 番号法の本人確認と税理士の対応

Q 税理士は、顧問先企業等や納税者等から個人番号の提供を受けるときに、番号法の本人確認を行う必要がありますか。
また、税理士が本人確認を受ける場面はありますか。

A 税理士は、原則として、顧問先企業等や納税者等から個人番号の提供を受けても、番号法の本人確認を行う必要はありません。
また、税理士は、税務代理人として申告書等を税務署等に提出したときに本人確認を受けることになります。
その他、税理士が自らの個人番号を顧問先企業等に提供するときに本人確認を受けることとなります。

1 番号法の本人確認を行うべき場面

　番号法では、第1章で確認したとおり、個人番号のやりとりすべてにおいて本人確認を求めているわけではなく、「限られた者」が「限られた者」から個人番号の提供を受けるときに、本人確認を行うこととなります。すなわち、番号法においては、個人番号利用事務実施者及び個人番号関係事務実施者が、本人又はその代理人から個人番号の提供を受けるときに、本人確認を行うこととされています（番号法16、番号令12）。

　税理士は、一般的には、個人番号利用事務実施者に該当することはなく、個人番号関係事務実施者に該当することが多いと考えられます。したがって、税理士が、番号法の本人確認を行うべき場面と

しては、「個人番号関係事務実施者である税理士」が「本人又は代理人から個人番号の提供を受けるとき」ということになります。

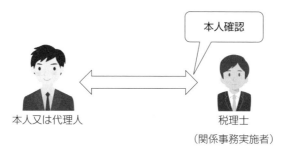

2 本人確認を行う主体としての税理士の対応

税理士が個人番号を取り扱う際の立場は、以下のとおり区分されますが、この中で、税理士が番号法の本人確認を行うこととなるのは、原則として、①❷の場合のみとなります。

① 個人番号関係事務実施者
　❶ 顧問先企業等の個人番号関係事務を行う場合
　❷ 税理士事務所の個人番号関係事務を行う場合
② 本人事務を行う代理人
③ 本人事務の委託を受けた者

① 個人番号関係事務実施者
❶ 顧問先企業等の個人番号関係事務を行う場合
　顧問先企業等の個人番号関係事務を行う場合、一般的には、税理士は、その顧問先企業等を通じて、その従業員等や支払先の個人番号の提供を受けることとなります。これは、「個人番号関係事務実施者（顧問先企業等）から個人番号関係事務実施者（税理士）への

個人番号の提供」であることから、税理士は顧問先企業等の従業員等や支払先に対して番号法の本人確認を行う必要はありません。この場合、顧問先企業等（個人番号関係事務実施者）が、従業員等や支払先（本人）から個人番号の提供を受けるときに、本人確認を行うこととなります。

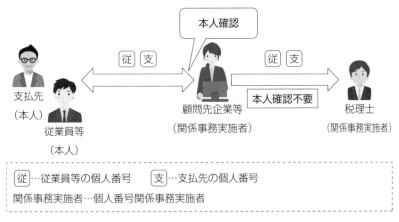

　税理士が顧問先企業等から個人番号の収集及び本人確認を委託されている場合には、税理士は、その委託契約に基づいて、従業員等や支払先（本人）に対する本人確認を行うこととなります。

❷ 税理士事務所の個人番号関係事務を行う場合

　税理士は、自らの事務所で雇用している従業員等や支払先から個人番号の提供を受けることになります。これは、「本人（従業員等や支払先）から個人番号関係事務実施者（税理士＝一事業者）への個人番号の提供」であることから、税理士は従業員等や支払先（本人）から個人番号の提供を受けるときに、本人確認を行うこととなります。

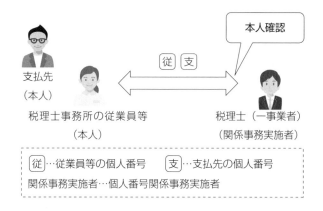

2　本人事務を行う代理人

　税理士は、税務代理の委嘱を受けて、納税者本人から所得税確定申告や相続税・贈与税申告等のために個人番号の提供を受けることになります。これは、「本人（納税者）から本人事務を行う代理人（税理士）への個人番号の提供」であることから、税理士は納税者に対して番号法の本人確認を行う必要はありません。

　また、控除対象配偶者等を有する納税者の所得税確定申告を行う場合、一般的には、税理士は、その納税者を通じて、その控除対象配偶者等の個人番号の提供を受けることとなります。これは、「個人番号関係事務実施者（納税者）から個人番号関係事務実施者（税

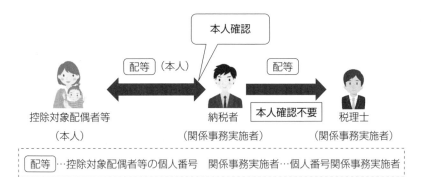

理士)への個人番号の提供」であることから、税理士は控除対象配偶者等に対して番号法の本人確認を行う必要はありません。この場合、納税者(個人番号関係事務実施者)が、控除対象配偶者等(本人)から個人番号の提供を受けるときに、本人確認を行うこととなります。

なお、税理士が納税者からその控除対象配偶者等の個人番号の収集及び本人確認を委託されている場合には、税理士は、その委託契約に基づいて、控除対象配偶者等に対する本人確認を行うこととなります。

3 本人事務の委託を受けた者

税理士は、税務書類の作成の委嘱のみを受けて、納税者本人から所得税確定申告や相続税・贈与税申告等のために個人番号の提供を受けることになります。これは、「本人(納税者)から本人事務の委託を受けた者(税理士)への個人番号の提供」であることから、税理士は納税者に対して番号法の本人確認を行う必要はありません。

また、控除対象配偶者等に対する本人確認やその委託をされている場合の考え方は、上記2と同様です。

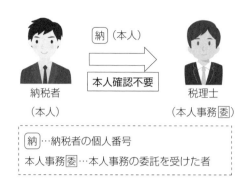

3 本人確認を受ける主体としての税理士の対応

　税理士は、税務代理人として申告書等を税務署等に提出したときに本人確認を受けることになります。

　また、顧問先企業等が支払調書作成事務等のために、税理士に個人番号の提供を求めることになりますので、その際、顧問先企業等から本人確認を受けることとなりますが、この場合は、単に、税理士が「本人」として、個人番号関係事務実施者である顧問先企業等から本人確認を受けるということです。

1 本人事務を行う代理人の場合

　税理士は、税務代理の委嘱を受けて、本人事務を行う代理人として、その納税者の個人番号を所得税確定申告、相続税・贈与税申告、償却資産申告等のために税務署や市町村等（以下「税務署等」といいます。）に提供することとなります。これは、「本人事務を行う代理人（税理士）から個人番号利用事務実施者（税務署等）への個人番号の提供」であることから、税務署等は税理士（代理人）から個人番号の提供を受けるときに、税理士（代理人）に対して本人確認を行うこととなります。

　したがって、税理士は、税務署等から受ける本人確認に対応する

必要があります（本章 **Q4**、**5** 参照）。

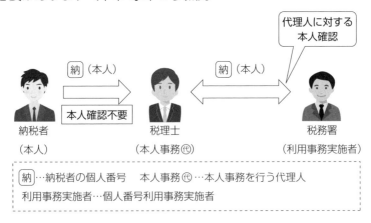

2 本人事務の委託を受けた者の場合

　税理士が、税務書類の作成の委嘱のみを受けて、本人事務の委託を受けた者として納税者の申告書等を作成する場合には、税務代理の場合と異なり、基本的には、その納税者本人が自らの個人番号が記載された申告書等を税務署等に提出することとなり、税理士がその申告書等を提出することはないため、税理士が税務署等から本人確認を受けることはありません。

　なお、実務上、税務書類の作成の委嘱のみを受けている場合であっても、税務署等への申告書等の提出を税理士が行うときがあると考えられます。このような場合、税務代理の委嘱を受けていないことから、その申告書等には税務代理権限証書の添付は必要なく、国税関係手続においては、税務代理権限証書の添付がない場合には、その申告書等は納税者本人が提出したものとしてみなして取り扱うこととなっています。これにより、税務署（個人番号利用事務実施者）は、納税者（本人）に対して本人確認を行うこととなります。そのため、申告書等を預かった税理士は、その申告書等に本人に係る番号確認書類及び身元確認書類の添付があるかどうかを確認

した上で、申告書等を提出する必要があります[*2]。

*2 地方税関係手続においても、基本的には、国税関係手続と同様に取り扱われると考えられますが、提出先の機関によっては異なる取扱いをする場合もあり得るため、税務書類の作成の委嘱のみを受けている場合で、申告書等の提出まで行うときは、提出先の機関に確認してから対応してください。

また、税務書類の作成の委嘱のみを受けている場合であっても、電子申告で申告書等の代理送信を行う場合には、番号法上の代理人として取り扱われますが、電子申告の場合は、社会保障・税番号制度（マイナンバー制度）導入前と手続に変更はないことから、従来どおりの対応をすればよいこととなります（本章 **Q4**、**5** 参照）。

③ 顧問税理士、会計参与等の場合

税理士は、税理士業務を行った際に、顧問先企業等から顧問料報酬、決算料報酬等の支払を受けることになります。この場合において、顧問先企業等は支払調書作成事務のために税理士に個人番号の提供を求めることになることから、税理士は顧問先企業等に個人番号を提供することになります[*3]。これは、「本人（税理士）から個人番号関係事務実施者（顧問先企業等）への個人番号の提供」であることから、顧問先企業等は税理士（本人）から個人番号の提供を受けるときに、税理士（本人）に対して本人確認を行うこととなります。

*3 契約内容等から個人番号関係事務が明らかに発生しないと認められる場合には、個人番号の提供を求めることはできません。

また、税理士は、顧問先企業等における会計参与や監査役等の役員に就任して、役員給与の支払を受ける場合があります。この場合においても、顧問先企業等は源泉徴収票作成事務等のために税理士に個人番号の提供を求めることになることから、税理士は顧問先企業等に個人番号を提供することになります。これも、「本人（税理士）から個人番号関係事務実施者（顧問先企業等）への個人番号の

提供」であることから、顧問先企業等は税理士（本人）から個人番号の提供を受けるときに、税理士（本人）に対して本人確認を行うこととなります。

したがって、これらの場合に、税理士は、顧問先企業等から受ける本人確認に対応する必要があります。

> **●コラム●** 税務代理及び税務書類の作成と番号法19条
>
> 　番号法19条では、特定個人情報の提供を原則として禁止し、同条各号において、その提供できる場合を限定的に認めています。
>
> 《番号法19条　特定個人情報の提供の制限》
> 　何人も、次の各号のいずれかに該当する場合を除き、特定個人情報の提供をしてはならない。
> 一～二　（略）
> 三　本人又はその代理人が個人番号利用事務等実施者に対し、当該本人の個人番号を含む特定個人情報を提供するとき。
> 四　（略）
> 五　特定個人情報の取扱いの全部若しくは一部の委託又は合併その他の事由による事業の承継に伴い特定個人情報を提供するとき。
> 六～十四　（略）
>
> 　この番号法19条各号には、「本人と代理人との間の特定個人情報の提供」に関する規定がありません。これだけみると、本人は、代理人に対して、本人の個人番号を含む特定個人情報を提供できないようにみえます。しかし、番号法19条3号においては、代理人が、個人番号利用事務等実施者に対して、本人の個人番号を含む特定個人情報の提供を認めていることからすると、番号法では、本人・代理人間での特定個人情報の提供は当然に認められるものという前提に立っていると考えられます。したがって、税務代理の委嘱を受けた税理士は、納税者の個人番号について当然に提供を受けることができることになります（任意代理である税務代理は、番号法19条5号《委託による提供》を根拠とすることも考えられますが、そのように考えると、法定代理との関係で説明ができない《法定代理は番号法19条5号の要件を満たさない》ことから、任意代理においても同号を根拠としない方が合理的な解釈であると

考えられます。)。

　一方、税務書類の作成の委嘱のみを受けた場合には、番号法19条5号（委託による提供）を根拠として、納税者の個人番号の提供を受けることとなります。この規定は、委託者と受託者との双方向の提供を認めているものです。つまり、委託者から受託者への提供だけではなく、受託者から委託者への提供もこの規定を根拠に認められることとなります。

4 税務代理人に対する本人確認（税理士の場合）

Q 税理士が税務署等から受ける本人確認に対応するためには、どのような書類をそろえる必要がありますか。

A 税理士は、税務代理権限証書、税理士証票及び納税者本人に係る番号確認書類をそろえる必要があります。
電子申告による代理送信をする場合には、本人確認のために新たに添付する書類やデータはなく、従来と同様の手続を行えばよいことになります。

番号法の本人確認は、第1章で確認したとおり、本人から個人番号の提供を受ける場合に行われる本人確認（本人型）（第1章**Q7**参照）と代理人から個人番号の提供を受ける場合に行われる本人確認（代理人型）（第1章**Q8**参照）とがあります。税理士が税務署等から受ける本人確認は後者になります。

「代理人から個人番号の提供を受ける場合」の本人確認は、①代理権確認書類、②代理人の身元確認書類、③本人の番号確認書類の提示又は提出が必要です（番号令12②、番号規6～11）。

税理士が、申告書等を税務署等に提出する場合は、これらの書類をそろえる必要がありますが、申告等の方法が、「書面による提出の場合」と「電子申告による代理送信の場合」とで異なります。

以下、それぞれについて解説していきますが、この内容は「国税関係手続」における税理士に対する本人確認となります。地方税関係手続においても、基本的には国税関係手続と同様の手続になると考えられますが、地方公共団体によっては別の対応を求められる可

能性もあります。そのような場合には、番号法令や条例等を確認した上で対応してください*4。

*4 第1章で確認したとおり、総務省においては「地方税分野での本人確認に際し、番号法施行規則に規定する『個人番号利用事務実施者が適当と認めるもの』の告示（例）」及び「告示（例）に規定している書類の具体例」を掲載しており、その内容は国税庁告示に準拠したものとなっています。

1 書面による提出の場合

1 代理権確認書類

　法定代理人以外の代理人が個人番号を提供する場合は、代理権確認書類として「委任状」が必要となります（番号法12②一、番号規6①二）。

　これについて、税理士が行う税務関係手続においては「税務代理権限証書」によることとなります。

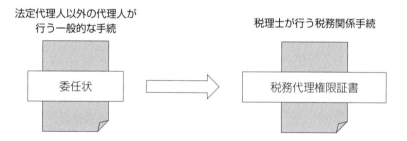

　税理士が、税務代理を行う場合には、税理士法30条の規定により、税務代理権限証書を提出することとなっています。したがって、従来どおり、税務代理権限証書を提出すればよいこととなります。

　番号法の本人確認は、「個人番号の提供を受けるとき」に、その都度、行うこととなります。したがって、当初申告等において税目及び年分を記載した税務代理権限証書を提出している場合において

も、申告書等の提出の都度、税務代理権限証書の提出が必要となります。この場合において、税務代理権限証書の提出については、当初申告において提出した税務代理権限証書の写しを添付することとして差し支えありません。

なお、国税関係手続においては、個人番号の提供が「本人から行われた」のか「代理人から行われた」のかは、「税務代理権限証書の提出の有無」で判断することとなっています。したがって、税務代理権限証書の提出がない場合には、原則として、納税者本人から個人番号の提供が行われたものとみなされ、代理人に対する本人確認ではなく、本人に対する本人確認が行われることとなりますので注意が必要です。

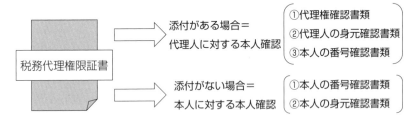

2　代理人の身元確認書類

代理人が個人番号を提供する場合は、代理人の身元確認書類として「代理人に係る個人番号カード（以下「マイナンバーカード」といいます。）、運転免許証等」が必要となります（番号法12②二、番号規7①）。

これについて、税理士が行う税務関係手続においては「税理士証票又はそのコピー」によることとなります（番号規7①二、国税庁告示2・3欄13－1）。

これは、国税当局との間で、にせ税理士の未然防止及び税務当局における本人確認事務の効率化の観点から、運用上「税理士証票」

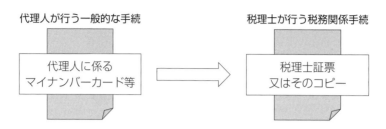

を統一的な身元確認書類として取り扱うこととされたものです。したがって、代理人の身元確認書類として、税理士証票の提示又はコピーの添付を行うこととなります。

　この点について、税理士ガイドブック[*5]では、税務署窓口で申告書等を提出する場合においても、窓口の混雑防止を図り、税務当局及び税理士双方の負担を緩和する観点から、税理士証票のコピーを申告書等に添付して提出するよう求めています。

[*5]　日本税理士会連合会「税理士のためのマイナンバー対応ガイドブック～特定個人情報の適正な取扱いに向けて～」

　また、税理士証票のコピーについては、税務署窓口での提出か郵送等かにかかわらず、申告書等に1件別に添付することとされています。

　なお、税理士自らが申告書等を税務署窓口で提出するのではなく、その税理士事務所に勤務する従業員等が提出する場合が考えられますが、そのような場合においても、税理士証票のコピーを添付することとなります（事務所の従業員等に係るマイナンバーカード等は必要ありません。）。

3 本人の番号確認書類

　代理人が個人番号を提供する場合は、本人の番号確認書類として「本人に係るマイナンバーカード、通知カード若しくは個人番号が記載された住民票の写し若しくは住民票記載事項証明書又はこれら

のコピー」が必要となりますが、税理士が行う税務関係手続においても同様となります（番号法12②三、番号規8）。

2 電子申告による代理送信の場合

電子申告による代理送信の場合については、結論からいうと、従来と特段手続が変わることはなく、従来どおりの対応でよいこととなります。すなわち、電子申告制度は国民の利便性の向上に資するものでなければならず、番号制度導入に伴い、従来よりも事務手続が増加することとなると、電子申告制度の目的に適合しないこととなるからです。番号制度も国民の利便性の向上を目的とするものであることから、番号制度と電子申告制度とは親和性の高いものといえます。

1 代理権確認書類

電子申告における代理送信においても、代理権確認書類は税務代理権限証書データとなります（番号規10一、国税庁告示2・3欄19－1）。

なお、納税者から税務代理の委嘱は受けず、税務書類の作成の委嘱のみを受けた場合においても、電子申告の代理送信を行うことは認められています。この場合においては、税務代理の委嘱を受けた場合と同様に、「番号法上の代理人」として取り扱われることとなります[*6]。そのため、代理権確認書類の送信が必要となりますが、

この点は、「納税者本人の利用者識別番号を入力して送信する」ことをもって、代理権の確認が行われることとなります（番号規10一、国税庁告示2・3欄19－2）。

*6　この場合、その納税者の個人番号を取り扱う「すべての場面」で「番号法上の代理人」であると考えるのではなく、あくまでも「電子申告による代理送信をした場合の番号法上の本人確認の場面」でのみ「番号法上の代理人」であると考えるべきでしょう。

したがって、税務代理又は税務書類の作成のいずれにおいても、電子申告による代理送信で申告等を行う場合には、従来と特段手続が変わることはなく、従来どおりの対応でよいこととなります。

2　代理人の身元確認書類

電子申告における代理送信においては、代理人の身元確認書類として、代理人の電子証明書（公的個人認証サービスに基づく電子証明書その他電子申告で利用可能な電子証明書）が必要となります（番号規10二、国税庁告示2・3欄20－1、2）。例えば、日本税理士会連合会発行の「税理士用電子証明書」が考えられます。

この点、従来も、電子申告による代理送信の場合には、その税理士の電子証明書の署名送信を行っていたことから、従来と特段手続が変わることはなく、従来どおりの対応でよいこととなります。

3　本人の番号確認書類

電子申告における代理送信においては、本人の番号確認書類は不要であり、個人番号利用事務実施者である国税当局が、番号法14条2項の規定により、地方公共団体情報システム機構から本人に係る機構保存本人確認情報の提供を受けること等で本人の番号確認を行うことになります（番号法12②三、番号規9⑤、10三イ）。このような対応とされているのは、原則的な取扱いである本人のマイナンバーカード等のコピーを別途送付させることは、電子申告等のオ

ンライン手続の利便性を著しく損なうことになるためです。

したがって、従来と特段手続が変わることはなく、従来どおりの対応でよいこととなります。

〈税理士の場合の本人確認一覧〉

提出態様		番号提供者 現に番号提供を行う者	本人確認書類（方法）		
			代理権確認書類	代理人の身元確認書類	本人の番号確認書類
税務代理権限証書（法30条書面）添付あり	対面	税理士	税務代理権限証書	税理士証票（提示・コピーの提出）（★1）（★2）	納税者の個人番号カード等（提示・コピーの提出）（★1）
		税理士又は職員			
	郵送	税理士	税務代理権限証書	税理士証票（コピーの提出）	納税者の個人番号カード等（コピーの提出）
		税理士			
	電子申告（代理送信）	税理士	税務代理権限証書データ	税理士の電子証明書	当局によるシステム確認（コピー等の別送不要）
		税理士			
税務代理権限証書（法30条書面）添付なし	対面	納税者本人		【本人の身元確認書類】納税者の個人番号カード等（コピーの提出）	【本人の番号確認書類】納税者の個人番号カード等（コピーの提出）
		税理士又は職員			
	郵送	納税者本人		【本人の身元確認書類】納税者の個人番号カード等（コピーの提出）	【本人の番号確認書類】納税者の個人番号カード等（コピーの提出）
		税理士			
	電子申告（代理送信）	税理士	納税者の利用者識別番号又は利用者IDを入力して送信している事実	税理士の電子証明書	当局によるシステム確認（コピー等の別送不要）
		税理士			

★1　窓口の混雑防止を図り税務当局及び税理士双方の負担を緩和する観点から、国税庁と協議した結果、国税関係手続においては写しを添付のうえ提出することを基本としています。

★2　税理士資格を有しない職員が対面により提出する場合は、税理士証票の写しを提示し、併せて提出してください。

（出典）　日本税理士会連合会「税理士ガイドブック」を基に作成

5 税務代理人に対する本人確認（税理士法人の場合）

Q 税理士法人が税務署等から受ける本人確認に対応するためには、どのような書類をそろえる必要がありますか。

A 税理士法人は、税務代理権限証書、社員税理士等の税理士証票及び納税者本人に係る番号確認書類をそろえる必要があります。
電子申告による代理送信をする場合には、本人確認のために新たに添付する書類やデータはなく、従来と同様の手続を行えば良いことになります。

税理士法人における対応は、基本的には、税理士における対応と同様であることから、本章 **Q4** を確認した上で、本解説を確認してください。

1 書面による提出の場合

1 代理権確認書類

法定代理人以外の代理人が個人番号を提供する場合において、その代理人が法人であるときは、「委任状であってその法人の商号又は名称及び本店又は主たる事務所の所在地が記載されたもの」が必要となります（番号法12②一、番号規6①二）。

これについて、税理士法人が行う税務関係手続においては、税理士の場合と同様に、「税務代理権限証書」によることとなります。

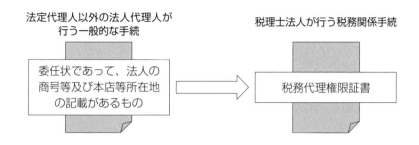

2　代理人の身元確認書類

　代理人が個人番号を提供する場合において、その代理人が法人であるときは、「登記事項証明書その他の官公署から発行・発給された書類」（法人実在確認書類）及び「現に個人番号の提供を行う者とその法人との関係を証する書類」（関係性確認書類）が必要とされます（番号法12②二、番号規7②）。

　これについて、税理士法人が行う税務関係手続においては、その税理士法人の社員税理士又は所属税理士（以下「社員税理士等」といいます。）が「現に個人番号の提供を行う者」として取り扱われることから、「その社員税理士等の税理士証票又はそのコピー」によることとなります。税理士証票には、所属する税理士法人の名称の表示があることから、税理士証票の確認を行うことにより、「法人実在確認」及び「関係性確認」の両方を行うことが可能となります。

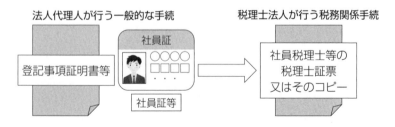

　このような取扱いは、反復継続して行われる税務手続において、

以下の点を考慮する必要があることから、日本税理士会連合会が国税当局と協議の上、運用上そのように取り扱うこととされたものです。

> ① 個人番号の提供の都度、法人実在確認書類及び関係性確認書類の提示を求めることは、税理士法人の事務負担が増加すること
> ② 税理士証票の写しの提出を受けることで、なりすましの防止は担保されるものと考えられること
> ③ 税理士（個人）の税務代理手続と対応を統一化する必要があること

③ 本人の番号確認書類

代理人が個人番号を提供する場合は、本人の番号確認書類として「本人に係るマイナンバーカード、通知カード若しくは個人番号が記載された住民票の写し若しくは住民票記載事項証明書又はこれらのコピー」が必要となりますが、税理士法人が行う税務関係手続においても同様となります（番号法12②三、番号規8）。

2　電子申告による代理送信の場合

① 代理権確認書類

電子申告における代理送信においても、代理権確認書類は税務代理権限証書データとなります（番号規10一、国税庁告示2・3欄19－1）。

なお、納税者から税務代理の委嘱は受けず、税務書類の作成の委嘱のみを受けた場合においても、電子申告の代理送信を行うことは認められていますが、この点も、本章**Q4**で確認したとおり、納税

者本人の利用者識別番号を入力して送信することをもって、代理権の確認が行われることとなります（番号規10一、国税庁告示2・3欄19－2）。

2　代理人の身元確認書類

　電子申告による代理送信においては、税理士法人が代理送信を行う際に利用する「代理送信用利用者識別番号」（以下「代理送信用ID」といいます。）を使用して、正常送信されることをもって、国税当局において代理人であるその税理士法人の身元確認が行われることとなります（番号規10二、国税庁告示2・3欄20－9、10）。

　これは、従来の電子申告における手続の過程の中で、法人実在確認及び関係性確認を行うことが可能となっているからです。すなわち、税理士法人が代理送信を行う際に利用する代理送信用IDには、「税理士法人に係るもの」と「社員税理士等に係るもの」の2つの類型が存在し、送信用データには社員税理士等に係る電子証明書（公的認証サービスに基づく電子証明書、日税連発行の税理士用電子証明書）による署名送信が行われていますが、いずれの場合においても、国税当局における代理送信用IDを利用可能とする処理の過程において、その税理士法人の実在確認及び社員税理士等のその法人との関係性確認が行われているからです。

　したがって、電子申告による代理送信で申告等を行う場合には、従来と特段手続が変わることはなく、従来どおりの対応でよいこととなります。

　なお、社員税理士等が、退職等により、所属する税理士法人に変更等があった場合には、その社員税理士等は新たな代理送信用IDを取得する必要があります。

3 本人の番号確認書類

　電子申告における代理送信においては、本人の番号確認書類は不要であり、個人番号利用事務実施者である国税当局が、番号法14条2項の規定により、地方公共団体情報システム機構から本人に係る機構保存本人確認情報の提供を受けること等で本人の番号確認を行うことになります（番号法12②三、番号規9⑤、10三イ）。

　したがって、従来と特段手続が変わることはなく、従来どおりの対応でよいこととなります。

＜税理士法人の場合の本人確認一覧＞

		番号提供者		本人確認書類（方法）	
	提出態様	現に番号提供を行う者	代理権確認書類	代理人の身元確認書類	本人の番号確認書類
税務代理権限証書（法30条書面）添付あり	対面	税理士法人	税務代理権限証書	社員税理士等の税理士証票（提示・コピーの提出）（★1）（★2）	納税者の個人番号カード等（提示・コピーの提出）（★1）
		社員税理士等又は職員			
	郵送	税理士法人	税務代理権限証書	社員税理士等の税理士証票（コピーの提出）	納税者の個人番号カード等（コピーの提出）
		社員税理士等			
	電子申告（代理送信）	税理士法人	税務代理権限証書データ	法人実在・関係性確認済みの代理送信可能な利用者識別番号による送信（★3）	当局によるシステム確認（コピー等の別送不要）
		社員税理士等			
税務代理権限証書（法30条書面）添付なし	対面	納税者本人		【本人の身元確認書類】納税者の個人番号カード等（コピーの提出）	【本人の番号確認書類】納税者の個人番号カード等（コピーの提出）
		社員税理士等又は職員			
	郵送	納税者本人		【本人の身元確認書類】納税者の個人番号カード等（コピーの提出）	【本人の番号確認書類】納税者の個人番号カード等（コピーの提出）
		社員税理士等			

第3章　税理士と本人確認

税務代理権限証書 （法30条書面） 添付なし	電子申告 （代理送信）	税理士法人	納税者の利用者識別番号又は利用者IDを入力して送信している事実	法人実在・関係性確認済みの代理送信可能な利用者識別番号による送信（★3）	当局によるシステム確認 （コピー等の別送不要）
		社員税理士等			

- ★1　窓口の混雑防止を図り税務当局及び税理士双方の負担を緩和する観点から、国税庁と協議した結果、国税関係手続においては写しを添付のうえ提出することを基本としています。
- ★2　税理士資格を有しない職員が対面により提出する場合は、税理士証票の写しを提示し、併せて提出してください。
- ★3　eLTAXの場合は、日税連運営の税理士情報検索サイトにより法人の実在・関係性が確認されます。

（出典）　日本税理士会連合会「税理士ガイドブック」を基に作成

6 身元確認書類としての税理士証票と旧姓・通称名の使用

Q 税理士業務を行うときに旧姓や通称名を使用していることから、それらが税理士証票に記載されていますが、その税理士証票を身元確認書類として使用することはできますか。

A 一定の要件を満たすことにより、旧姓や通称名を使用している場合においても、その税理士証票を身元確認書類として使用することができます。

1 税理士業務を行う際の旧姓・通称名の使用

税理士は、税理士業務を行うときに、旧姓や通称名を使用することが認められています。

旧姓については、日本税理士会連合会における「税理士登録事務取扱規程」及び「旧姓使用に関する事務取扱要領」により認められています。

税理士登録事務取扱規程

第5条の2　税理士は、婚姻、離婚、養子縁組又は離縁等（以下「婚姻等」という。）の事由により戸籍上の氏に変更が生じた後も、本会の承認を受けて、婚姻等の前の戸籍上の氏（以下「旧姓」という。）を税理士の業務の遂行上使用することができる。
2　旧姓の使用に係る事務の取扱いに関し必要な事項は、別に定める。

そして、旧姓使用を承認されている税理士は、所属税理士会を経由して日本税理士会連合会に対し、「旧姓使用証明書」の発行を申

請することができます（税理士登録事務取扱規程第34の5）。

また、通称名の使用についても、税理士の登録実務上認められており、「税理士登録申請書」の氏名欄に記載する本名の隣に括弧書きで通称名を記載して、税理士の登録申請を行うこととなっています（日本税理士会連合会「税理士の登録・開業の手引」）。

2 身元確認書類としての税理士証票

番号法の本人確認における身元確認書類には、運転免許証、パスポートなどとともに、「税理士証票」（提示時において有効なものに限ります。以下同じです。）が認められています（番号規1①二、国税庁告示2・3欄1-1）。

したがって、顧問先企業等に対して個人番号を提供するときに行われる本人確認においては、身元確認書類として税理士証票を使用することができます。

ただし、第1章 **Q7** で説明したとおり、番号確認と身元確認とを別々の書類で行う場合（例えば、通知カードで番号確認、税理士証票で身元確認を行う場合等）には、身元確認書類に記載されている個人識別事項が、番号確認書類に記載されている個人識別事項と一致（「氏名及び生年月日」の一致又は「氏名及び住所」の一致）しているか確認する必要があります。このため、税理士証票の記載が旧姓や通称名の場合には、一定の要件を満たす必要があるため注意が必要です。

なお、税理士が、税務代理人として税務署等に納税者の個人番号を提供するときに行われる「税務代理人に対する本人確認」（本章 **Q4、5 参照**）では、「本人（納税者）の番号確認書類」と「代理人（税理士）の身元確認書類」との個人識別事項の一致は確認しないことから、税理士証票の記載が旧姓や通称名の場合であっても、特

段の要件を満たす必要なく、そのまま「代理人の身元確認書類」として使用できます。

したがって、以下の説明は、税理士が、個人番号を提供する「本人」として本人確認を受ける場合（例えば、顧問先企業等から本人確認を受ける場合等）の説明となります。

1 旧姓が記載されている税理士証票を使用する場合

税理士が税理士業務を行うときに旧姓使用の承認を受けている場合には、その税理士の税理士証票には旧姓が記載されることとなります。この場合、その税理士証票には本名が記載されないことから、番号確認書類に記載されている本名との一致が確認できないこととなります。したがって、その税理士証票のみでは身元確認書類として使用できません。

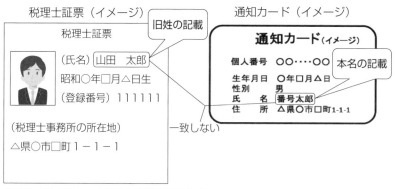

（出典）　日本税理士会連合会資料を基に作成

この点について、日本税理士会連合会が発行する「旧姓使用証明書」をその税理士証票とあわせて提示することにより、その税理士証票を身元確認書類として使用することができるようになります。すなわち、旧姓使用証明書には、戸籍上の氏名（本名）が記載されていることから、旧姓使用証明書を通じて、身元確認書類としての税理士証票と番号確認書類との個人識別事項の一致を確認するこ

とができることとなります。

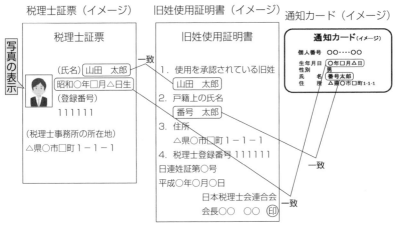

（出典）　日本税理士会連合会資料を基に作成

　なお、旧姓を使用している税理士が税理士会や支部等の事業（税務支援、租税教育等）に従事して税理士会や支部等に個人番号を提供する場合は、税理士証票のみの提示をもって、税理士名簿に登録されている当該税理士の氏名（本名）及び旧姓の一致を確認できることから、旧姓使用証明書を併せて提示する必要はありません。

② 通称名が記載されている税理士証票を使用する場合

　税理士が通称名で税理士登録を行っている場合には、その税理士の税理士証票には通称名が記載されることとなります。

　平成24年7月9日の「住民基本台帳法の一部を改正する法律」の施行により、外国人の通称名を住民登録できることとなっており、通称名を登録している場合には、マイナンバーカード、通知カード及び住民票には氏名（本名）と通称名が併記されます。通称名は、その登録の際に、当該通称名が社会生活上日常的に用いられていることについて、立証資料で使用実態を確認する等の取扱いがされており、氏名と同様に、社会生活上の個人を特定、識別する効

用があると考えられています。

　したがって、マイナンバーカードや通知カード等に通称名が併記されていれば、通称名が記載されている税理士証票と個人識別事項の一致を確認できることから、その税理士証票をそのまま身元確認書類として使用することができます。

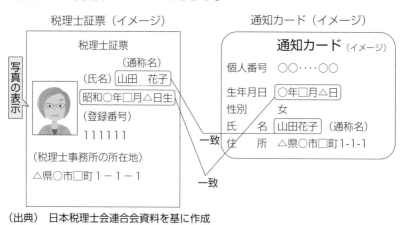

（出典）　日本税理士会連合会資料を基に作成

3　政府としての旧姓使用の推進

　内閣府には、男女共同参画社会基本法を根拠に「男女共同参画会議」が設置されています。この会議は、内閣官房長官を議長とし、各省大臣等12名及び学識経験者12名の総計25名で構成されており、内閣総理大臣又は関係各大臣の諮問に応じ、男女共同参画社会の形成の促進に関する基本的な方針、基本的な政策及び重要事項を調査審議等することとされています。

　この男女共同参画会議における「男女共同参画・女性活躍の推進に向けた重点取組事項について」（平成28年5月13日）で、旧姓の使用拡大として、マイナンバーカードなどへの旧姓併記が重点取組事項として以下のとおり記載されています。

旧姓の通称としての使用の拡大

　社会において、旧姓を通称として使用しながら活動する女性が増加している中、様々な活動の場面で旧姓を通称としてより使用しやすくなるよう、制度の周知を含め、通称使用の拡大の取組を進めるべきである。
　このため、住民基本台帳法施行令等を改正し、住民基本台帳及びそれに連動するマイナンバーカードに本人からの届出により旧姓を併記することが可能となるよう、速やかに必要な準備を進めるとともに、国際的身分証明書であるパスポートについて、既に一部認められている旧姓併記の条件緩和の可能性につき検討すべきである。
　また、国家公務員の旧姓使用が可能となる範囲の拡大を検討するとともに、地方公務員が旧姓使用しやすくなるよう地方公共団体に働きかけるべきである。
　さらに、通称使用の実態、公的証明書や各種国家資格制度における現状と課題について調査検討を行い、その結果を踏まえ、企業や団体等への働きかけを含め、必要な取組を進めるべきである。

　また、政府が、平成28年8月2日に閣議決定した「未来への投資を実現する経済対策」においても、「女性活躍推進等に対応したマイナンバーカード等の記載事項の充実等」が盛り込まれ、マイナンバーカードに旧姓が記載できるようになる方向性が示されています。
　今後、このような改正が行われた場合には、上記2の取扱いも変わってくる可能性があると考えられます。

7 事例1／所得税確定申告に関する税務代理の委嘱を受けた場合（納税者単独の場合）

Q 納税者から所得税確定申告に関する税務代理の委嘱を受けた場合、税理士は納税者の本人確認が必要ですか。

A 税理士は、納税者に対して本人確認を行う必要はありません。税理士から申告書等の提出を受けた税務署が、税理士に対して本人確認を行います。

税理士が納税者から所得税確定申告に関する税務代理の委嘱を受けた場合には、一般的に、次のような流れで個人番号の提供が行われると考えられます。

① 納税者（本人）から税理士（代理人）へ提供
② 税理士（代理人）から税務署（個人番号利用事務実施者）へ提供

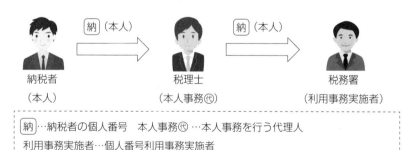

納…納税者の個人番号　本人事務㈹…本人事務を行う代理人
利用事務実施者…個人番号利用事務実施者

1 納税者から税理士への提供

　納税者が、自らの所得税確定申告のために自らの個人番号を取り扱う事務は「本人事務」に該当します。その納税者の税務代理人となった税理士が行う「納税者の個人番号を取り扱う事務」も「本人事務」に該当することから、税理士は、個人番号関係事務実施者に該当せず、「本人事務を行う代理人」に該当することとなります。

　税理士は、所得税確定申告書の作成のために納税者から個人番号の提供を受けることとなりますが、納税者から税理士への個人番号の提供は、「本人（納税者）から代理人（税理士）への個人番号の提供」に該当することとなります。

　したがって、税理士が、納税者から個人番号の提供を受けても、納税者に対して本人確認を行う必要はありません。

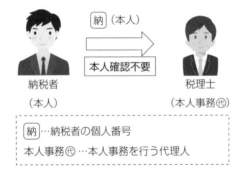

2 税理士から税務署への提供

　税理士は、納税者の個人番号を所得税確定申告書に記載して税務署に提出することになりますが、税理士から税務署への個人番号の提供は、「代理人（税理士）から個人番号利用事務実施者（税務署）への個人番号の提供」に該当することとなります。

　したがって、税務署（個人番号利用事務実施者）は、税理士（代

理人)から納税者の個人番号の提供を受けるときに、税理士(代理人)に対して本人確認を行うこととなります。そのため、税理士は、その本人確認に対応する必要があります。

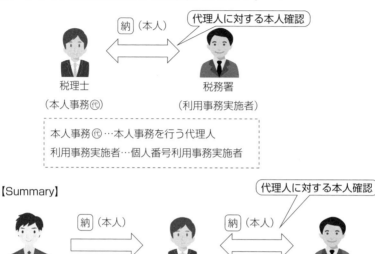

8 事例2／所得税確定申告に関する税務代理の委嘱を受けた場合（控除対象配偶者等を有する場合）

Q 控除対象配偶者等を有する納税者から所得税確定申告に関する税務代理の委嘱を受けた場合、税理士は納税者及び控除対象配偶者等の本人確認が必要ですか。

A 税理士は、納税者に対して本人確認を行う必要はありません。また、原則として、控除対象配偶者等に対しても本人確認は必要ありません。税理士から申告書等の提出を受けた税務署が、税理士に対して本人確認を行います。

税理士が控除対象配偶者等を有する納税者から所得税確定申告に関する税務代理の委嘱を受けた場合には、一般的に、次のような流れで個人番号の提供が行われると考えられます。

① 控除対象配偶者等（本人）から納税者（個人番号関係事務実施者）への提供
② 納税者（本人かつ個人番号関係事務実施者）から税理士（代理人かつ個人番号関係事務実施者）へ提供
③ 税理士（代理人かつ個人番号関係事務実施者）から税務署（個人番号利用事務実施者）へ提供

1 控除対象配偶者等から納税者への提供

納税者が、所得税確定申告において、配偶者控除や扶養控除等の適用を受ける場合、所得税法の規定に基づき、所得税確定申告書に

8　事例2／所得税確定申告に関する税務代理の委嘱を受けた場合（控除対象配偶者等を有する場合）

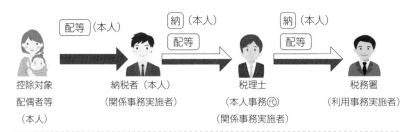

控除対象配偶者等の個人番号を記載する必要があります。このため、納税者は、控除対象配偶者等に個人番号の提供を求めることとなります。

　納税者が、自らの確定申告のために控除対象配偶者等の個人番号を取り扱う事務は「個人番号関係事務」に該当することから、控除対象配偶者等から納税者への個人番号の提供は、「本人（控除対象配偶者等）から個人番号関係事務実施者（納税者）への個人番号の提供」に該当することとなります。

　したがって、納税者（個人番号関係事務実施者）は、控除対象配偶者等（本人）から個人番号の提供を受けるときに、控除対象配偶者等（本人）に対して本人確認を行うこととなります。

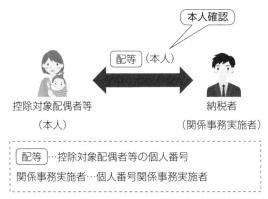

2 納税者から税理士への提供

1 控除対象配偶者等の個人番号の提供

　納税者が、自らの確定申告のために控除対象配偶者等の個人番号を取り扱う事務は「個人番号関係事務」に該当します。その納税者の税務代理人となった税理士が行う「控除対象配偶者等の個人番号を取り扱う事務」も「個人番号関係事務」に該当することから、税理士は、「個人番号関係事務実施者」に該当することとなります。

　税理士は、所得税確定申告書の作成のために納税者から控除対象配偶者等の個人番号の提供を受けることとなりますが、納税者から税理士への控除対象配偶者等の個人番号の提供は、「個人番号関係事務実施者（納税者）から個人番号関係事務実施者（税理士）への個人番号の提供」に該当することとなります。

　したがって、税理士が、納税者から控除対象配偶者等の個人番号の提供を受けても、控除対象配偶者等に対して本人確認を行う必要はありません。

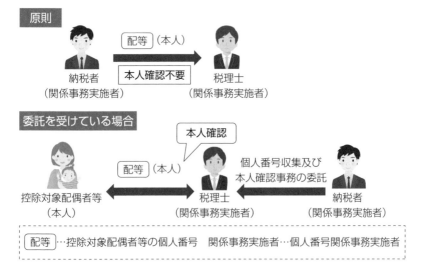

ただし、税理士が納税者から控除対象配偶者等の個人番号の収集及び本人確認事務の委託を受けている場合には、税理士は、その委託契約に基づいて、控除対象配偶者等に対する本人確認を行うこととなります。

2 納税者の個人番号の提供

本章 **Q7**（事例1）と同様に、納税者から税理士への個人番号の提供は、「本人（納税者）から代理人（税理士）への個人番号の提供」に該当することとなります。

したがって、税理士が、納税者から個人番号の提供を受けても、本人確認を行う必要はありません。

3 税理士から税務署への提供

1 控除対象配偶者等の個人番号の提供

税理士は、納税者の控除対象配偶者等の個人番号を所得税確定申告書に記載して税務署に提出することになりますが、税理士から税務署への控除対象配偶者等の個人番号の提供は、「個人番号関係事務実施者（税理士）から個人番号利用事務実施者（税務署）への個人番号の提供」に該当することとなります。

第3章 税理士と本人確認

したがって、税務署（個人番号利用事務実施者）は、控除対象配偶者等に対して本人確認を行うことはありませんので、税理士は、税務署から控除対象配偶者等の本人確認書類の提示又は提出を求められることはありません。

2 納税者の個人番号の提供

本章 **Q7**（事例 1 ）と同様に、税理士から税務署への納税者の個人番号の提供は、「代理人（税理士）から個人番号利用事務実施者（税務署）への個人番号の提供」に該当することとなります。

したがって、税務署（個人番号利用事務実施者）は、税理士（代理人）に対して本人確認を行うこととなることから、税理士は、その本人確認に対応する必要があります。

【Summary】

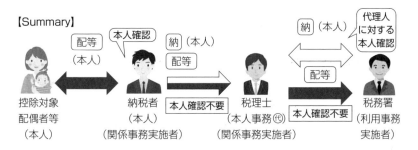

9 事例3／所得税確定申告に関する税務書類の作成の委嘱のみを受けた場合

Q 控除対象配偶者等を有する納税者から所得税確定申告に関する税務書類の作成の委嘱のみを受けた場合、税理士は納税者及び控除対象配偶者の本人確認が必要ですか。

A 税理士は、納税者に対して本人確認を行う必要はありません。また、原則として、控除対象配偶者等に対しても本人確認は必要ありません。

　税理士が控除対象配偶者等を有する納税者から所得税確定申告に関する税務書類の作成の委嘱のみを受けた場合には、一般的に、次のような流れで個人番号の提供が行われると考えられます。

> ① 控除対象配偶者等（本人）から納税者（個人番号関係事務実施者）への提供
> ② 納税者（本人かつ個人番号関係事務実施者）から税理士（本人事務の委託を受けた者かつ個人番号関係事務実施者）へ提供
> ③ 税理士（本人事務の委託を受けた者かつ個人番号関係事務実施者）から納税者（本人かつ個人番号関係事務実施者）へ提供
> ④ 納税者（本人かつ個人番号関係事務実施者）から税務署（個人番号利用事務実施者）へ提供

　基本的には、本章 **Q7**、**8**（事例1、2）と同様ですが、③と④の流れが異なります。つまり、税務書類の作成の委嘱のみを受ける場合は、税理士が所得税確定申告書を作成した後、納税者にその申告書を引き渡し（③の流れ）、納税者自身が税務署へ提出（④の流

れ）するのが一般的であると考えられます。

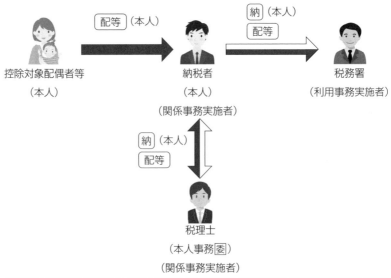

配等…控除対象配偶者等の個人番号　　納…納税者の個人番号
本人事務委…本人事務の委託を受けた者　関係事務実施者…個人番号関係事務実施者
利用事務実施者…個人番号利用事務実施者

1 控除対象配偶者等から納税者への提供

　本章 **Q8**（事例２）と同様に、納税者（個人番号関係事務実施者）は、控除対象配偶者等（本人）から個人番号の提供を受けるときに、控除対象配偶者等（本人）に対して本人確認を行うこととなります。

2 納税者から税理士への提供

1 控除対象配偶者等の個人番号の提供

　本章**Q8**（事例２）と同様に、税理士が、納税者から控除対象配偶者等の個人番号の提供を受けても、控除対象配偶者等に対して番号法の本人確認を行う必要はありません。

　ただし、税理士が納税者から控除対象配偶者等の個人番号の収集及び本人確認事務の委託を受けている場合には、税理士は、その委託契約に基づいて、控除対象配偶者等に対する本人確認を行うこととなります。

2 納税者の個人番号の提供

　本章**Q7**（事例１）と同様に、税理士が、納税者から個人番号の提供を受けても、本人確認を行う必要はありません。

3 税理士から納税者への提供

1 控除対象配偶者等の個人番号の提供

　税理士は、控除対象配偶者等の個人番号が記載された所得税確定申告書を納税者に引き渡すこととなりますが、税理士から納税者への控除対象配偶者等の個人番号の提供は、「個人番号関係事務実施者（税理士）から個人番号関係事務実施者（納税者）への個人番号の提供」に該当することとなります。

　これは、単に、税理士から納税者本人に控除対象配偶者等の個人番号が戻された状態であり、当然、納税者は本人確認を行う必要はありません。

2 納税者の個人番号の提供

　税理士は、納税者の個人番号が記載された所得税確定申告書を納税者に引き渡すこととなりますが、税理士から納税者への個人番号の提供は、「本人事務の委託を受けた者（税理士）から本人（納税者）への個人番号の提供」に該当することとなります。

　これは、単に、税理士から本人に個人番号が戻された状態であり、当然、納税者は本人確認を行う必要はありません。

4 納税者から税務署への提供

1 控除対象配偶者等の個人番号の提供

　納税者は、その控除対象配偶者等の個人番号を記載した所得税確定申告書を税務署に提出することになりますが、納税者から税務署への控除対象配偶者等の個人番号の提供は、「個人番号関係事務実施者（納税者）から個人番号利用事務実施者（税務署）への個人番号の提供」に該当することとなります。

　したがって、税務署（個人番号利用事務実施者）は、控除対象配偶者等に対して本人確認を行うことはありませんので、納税者は、税務署から控除対象配偶者等の本人確認書類の提示又は提出を求められることはありません。

2 納税者の個人番号の提供

　納税者は、自らの個人番号を記載した所得税確定申告書を税務署に提出することになりますが、納税者から税務署への個人番号の提供は、「本人（納税者）から個人番号利用事務実施者（税務署）への個人番号の提供」に該当することとなります。

　したがって、税務署（個人番号利用事務実施者）は、納税者（本人）から個人番号の提供を受けるときに、納税者（本人）に対して

9 　事例３／所得税確定申告に関する税務書類の作成の委嘱のみを受けた場合

本人確認を行うこととなります。

5 税務署への申告書の提出を税理士が行う場合

　実務上では、税務代理の委嘱を受けず、税務書類の作成の委嘱のみを受けている場合においても、税務署への申告書等の提出を税理士が行う場合も考えられます。また、電子申告による代理送信については、税務書類の作成の委嘱のみを受けている場合であっても行うことが認められています。

1 書面による提出の場合

　税理士が、税務代理の委嘱を受けず、税務書類の作成の委嘱のみを受けている場合において、税務署への申告書の提出（書面による提出）も税理士が行うこととしているときは、原則として、納税者本人から個人番号の提供が行われたものとみなされます。すなわち、税務書類の作成の委嘱のみを受けている税理士から税務署への納税者の個人番号の提供は、「本人（納税者）から個人番号利用事務実施者（税務署）への個人番号の提供」に該当することとなります。

　したがって、税務署（個人番号利用事務実施者）は、税務書類の作成の委嘱のみを受けている税理士から納税者（本人）の個人番号の提供を受けるときに、納税者（本人）に対して本人確認を行うこととなります。

　そのため、申告書等を預かった税理士は、その申告書等に本人に係る番号確認書類及び身元確認書類の添付があるかどうかを確認した上で、申告書等を提出する必要があります。

※税理士は、本人に係る番号確認書類及び身元確認書類を添付して提出

[納]…納税者の個人番号　　本人事務[委]…本人事務の委託を受けた者
利用事務実施者…個人番号利用事務実施者

2　電子申告による代理送信の場合

　税理士が、税務代理の委嘱を受けず、税務書類の作成の委嘱のみを受けている場合において、税務署への申告書の提出（電子申告による代理送信）も税理士が行うこととしているときは、書面による提出の場合と異なり、税務書類の作成の委嘱のみを受けている税理士から税務署への納税者の個人番号の提供は、「代理人（税理士）から個人番号利用事務実施者（税務署）への個人番号の提供」に該当することとなります。

　したがって、税務署（個人番号利用事務実施者）は、税務書類の作成の委嘱のみを受けている税理士から納税者（本人）の個人番号の提供を受けるときに、税理士（代理人）に対して本人確認を行うこととなります。しかしながら、電子申告による代理送信の場合は、本章 **Q4**、**5** のとおり、従来と特段手続が変わることはなく、従来どおりの対応でよいこととなることから、別途本人確認書類を送付する等の対応は必要ありません。

9 事例3／所得税確定申告に関する税務書類の作成の委嘱のみを受けた場合

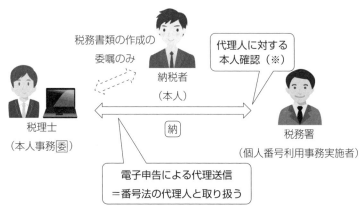

※電子申告による代理送信の場合は、従来と特段手続が変わることはなく、従来どおりの対応となります。

【Summary】

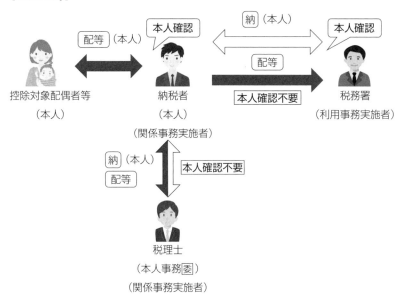

10 事例4／相続税申告に関する税務代理の委嘱を受けた場合

Q 納税者である相続人から相続税申告に関する税務代理の委嘱を受けた場合、税理士は相続人の本人確認が必要ですか。また、相続人間で本人確認は必要ですか。

A 税理士は、相続人に対して本人確認を行う必要はありません。
　また、相続人間においても本人確認を行う必要はありません。
　税理士から申告書等の提出を受けた税務署が、税理士に対して本人確認を行います。

　税理士が納税者である相続人（以下、単に「相続人」といいます。）から相続税申告に関する税務代理の委嘱を受けた場合には、一般的に、次のような流れで個人番号の提供が行われると考えられます。

① 相続人（本人）から税理士（代理人）へ提供
② 税理士（代理人）から税務署（個人番号利用事務実施者）へ提供

　また、相続税申告に税理士が全く関与せず、相続人自らが申告書の作成及び提出を行う場合や税理士が関与していても個人番号の記載のみ相続人自らが行う場合等については、相続税申告書を作成するに当たって、相続人間で個人番号の受け渡しが行われることも考

10 事例4／相続税申告に関する税務代理の委嘱を受けた場合

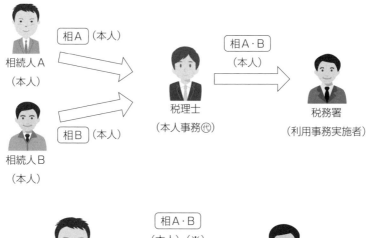

※申告書等の作成に当たっての相続人間の個人番号の受け渡し

相…相続人の個人番号　本人事務代…本人事務を行う代理人
利用事務実施者…個人番号利用事務実施者

えられます。

　なお、平成28年1月1日以降の相続又は遺贈に係る申告書には、「被相続人」の個人番号も記載することとされていましたが、被相続人の個人番号の記載等に関する困難性及び生前に被相続人から個人番号の提供を受けることへの抵抗感等を考慮して、平成28年10月1日以降、「被相続人」の個人番号は記載不要となりました（相続人の個人番号は引き続き記載が必要です。）。

1 相続人から税理士への提供

本章 **Q7**（事例１）と同様に、相続人から税理士への個人番号の提供は、「本人（相続人）から代理人（税理士）への個人番号の提供」に該当することとなります。

したがって、税理士が、相続人から個人番号の提供を受けても、本人確認を行う必要はありません。

2 税理士から税務署への提供

本章 **Q7**（事例１）と同様に、税理士から税務署への相続人の個人番号の提供は、「代理人（税理士）から個人番号利用事務実施者（税務署）への個人番号の提供」に該当することとなります。

したがって、税務署（個人番号利用事務実施者）は、税理士（代理人）に対して本人確認を行うこととなることから、税理士は、その本人確認に対応する必要があります。

3 相続人間の提供

相続税申告を行うに当たって、申告書を提出すべき又は提出することができる相続人が２人以上いる場合において、その申告書の提出先が同一であるときは、申告書を共同して提出することができます（相法27⑤）。そして、申告書を共同して提出する場合は、それらの相続人が一の申告書に連署して行うこととされています（相令7）。

したがって、申告書を共同して提出しようとする相続人は、各自の氏名、住所、課税価格等と合せて、各自の個人番号も記載することとなります。その際、例えば、ある相続人が自らの個人番号を申

告書に記載した後に、他の相続人が自らの個人番号を記載するために、最初に個人番号を記載した相続人から他の相続人に申告書を渡すことが、特定個人情報の提供制限（番号法19）に抵触するのではないかという疑義が生ずるところです。

　この点について、相続人同士は、申告書を作成するという共通の目的を共同して行っており、自らの個人番号を他の相続人に利用させているわけではなく、他の相続人もその個人番号を利用するわけではないことから、相続人それぞれの個人番号を記載するために、個人番号を記載した申告書を他の相続人に渡すのは、番号法上の特定個人情報の「提供」には該当しないこととなります。したがって、他の相続人が自らの個人番号を記載するために、ある相続人から他の相続人に申告書を渡しても、特定個人情報の提供制限には抵触しません（ただし、申告書に記載されている他の相続人の個人番号を書き写したり、コピーしたりすることはできません。下記コラム参照。）。

　そして、特定個人情報の提供に該当しないことから、相続人間での本人確認も必要ないこととなります（国税庁FAQ〔相続税・贈与税に関するFAQ・Q１−４〕）。

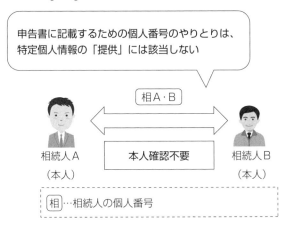

なお、所得税の準確定申告書付表、消費税申告書の付表６及び贈与税申告書付表についても、相続人が数人いる場合にはそれぞれの個人番号を記載することとなりますが、これらの場合においても、上記と同様に、番号法上の特定個人情報の「提供」には該当しないこととなります。そして、相続人間の本人確認も必要ありません（国税庁ＦＡＱ〔番号制度概要に関するFAQ・Ｑ２－６〕〔相続税・贈与税に関するFAQ・Ｑ２－６〕）。

【Summary】

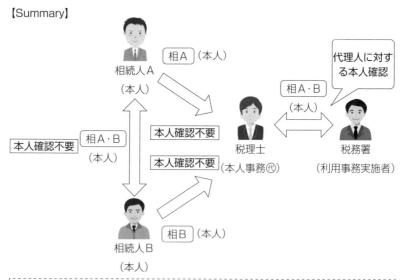

|相|…相続人の個人番号　　本人事務㊓…本人事務を行う代理人
利用事務実施者…個人番号利用事務実施者

●コラム●　申告書等の控えへの個人番号の記載

　実務上、相続税申告書、所得税申告書等の控えを作成して、税務署の収受印の押印を受けて保管することが一般的であると考えられます。この申告書等の控えは、基本的には、相続税法、所得税法等の法令によって作成が義務付けられているものではないことから、その控えに個人番

号を記載するかは納税者・税理士の裁量によることとなります。

　この点について、相続税申告書、所得税の準確定申告書付表、消費税申告書の付表６及び贈与税申告書付表の「税務署提出用」には各相続人の個人番号が記載されることになることから、その控えについても各相続人の個人番号を記載することが考えられます。

　ところで、番号法においては、他人（同一世帯の者を除きます。）の特定個人情報は、番号法で限定的に定められた場合のみ収集又は保管することができ、それ以外の場合には収集又は保管することができないこととなっています（番号法20）。

　このため、例えば、相続人Ａと相続人Ｂがいる場合（別世帯）に、相続人Ａの申告書等の控えには、相続人Ｂの個人番号が記載されている状態で保管することはできないこととなります。したがって、申告書等の控えを作成し、保管する場合には、その控えに他の相続人の個人番号を記載しないで作成するか、すでに記載されているときにはマスキング等の措置を講ずる必要があります。

11 事例5／顧問先企業等の年末調整事務・法定調書作成事務に関する税務代理の委嘱を受けた場合

Q 顧問先企業等から年末調整事務・法定調書作成事務に関する税務代理の委嘱を受けた場合、税理士は顧問先企業等の従業員等や支払先の本人確認が必要ですか。

A 税理士は、原則として、顧問先企業等の従業員等や支払先に対して本人確認を行う必要はありません。
なお、顧問先企業等が個人事業者である場合には、税理士から顧問先企業等に係る法定調書の提出を受けた税務署が、税理士に対して本人確認を行います。

　税理士が顧問先企業等から年末調整事務・法定調書作成事務に関する税務代理の委嘱を受けた場合には、一般的に、次のような流れで番号（法人番号・個人番号）の提供が行われると考えられます。

① 従業員等・支払先（本人）から顧問先企業等（個人番号関係事務実施者）への提供
② 顧問先企業等（法人又は本人かつ個人番号関係事務実施者）から税理士（代理人かつ個人番号関係事務実施者）へ提供
③ 税理士（代理人かつ個人番号関係事務実施者）から税務署（個人番号利用事務実施者）へ提供

　なお、支払先が法人の場合、支払調書作成事務において、その支払先の法人番号を取り扱うことになりますが、法人番号は本人確認が必要ないことから、その部分の説明は省略します。

11 事例5／顧問先企業等の年末調整事務・法定調書作成事務に関する税務代理の委嘱を受けた場合

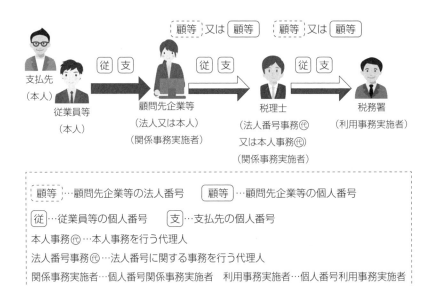

1 従業員等・支払先から顧問先企業等への提供

　顧問先企業等は、従業員等に係る給与所得の源泉徴収票や支払先に係る支払調書等に、それらの者の個人番号を記載する必要があります。このため、顧問先企業等は、従業員等・支払先に個人番号の提供を求めることとなります。

　顧問先企業等が、源泉徴収票作成事務や支払調書作成事務等において従業員等・支払先の個人番号を取り扱う事務は「個人番号関係事務」に該当することから、従業員等・支払先から顧問先企業等への個人番号の提供は、「本人（従業員等・支払先）から個人番号関係事務実施者（顧問先企業等）への個人番号の提供」に該当することとなります。

　したがって、顧問先企業等（個人番号関係事務実施者）は、従業員等・支払先（本人）から個人番号の提供を受けるときに、従業員

等・支払先（本人）に対して本人確認を行うこととなります。

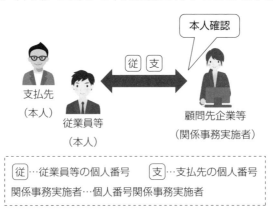

2 顧問先企業等から税理士への提供

1 従業員等・支払先の個人番号の提供

　顧問先企業等が、源泉徴収票作成事務や支払調書作成事務等において従業員等・支払先の個人番号を取り扱う事務は「個人番号関係事務」に該当します。その顧問先企業等の税務代理人となった税理士が行う「従業員等・支払先の個人番号を取り扱う事務」も「個人番号関係事務」に該当することから、税理士は、「個人番号関係事務実施者」に該当することとなります。

　税理士は、源泉徴収票作成事務や支払調書作成事務等のために顧問先企業等からその従業員等・支払先の個人番号の提供を受けることとなりますが、顧問先企業等から税理士への従業員等・支払先の個人番号の提供は、「個人番号関係事務実施者（顧問先企業等）から個人番号関係事務実施者（税理士）への個人番号の提供」に該当することとなります。

　したがって、税理士が、顧問先企業等から従業員等・支払先の個人番号の提供を受けても、従業員等・支払先に対して本人確認を行

う必要はありません。

ただし、税理士が顧問先企業等から従業員等・支払先の個人番号の収集及び本人確認事務の委託を受けている場合には、税理士は、その委託契約に基づいて、従業員等・支払先に対する本人確認を行うこととなります。

原則

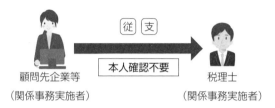

委託を受けている場合

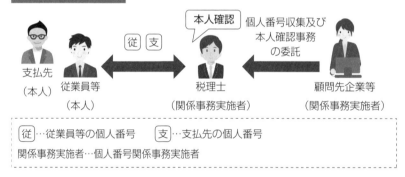

従…従業員等の個人番号　支…支払先の個人番号
関係事務実施者…個人番号関係事務実施者

2　顧問先企業等の番号の提供
❶　顧問先企業等が法人の場合

顧問先企業等が法人の場合、その従業員等の源泉徴収票、支払先の支払調書等には、顧問先企業等の法人番号を記載することとなります。

法人から法人番号の提供を受けても、番号法の本人確認は必要ありません。したがって、税理士（代理人）が顧問先企業等（法人）

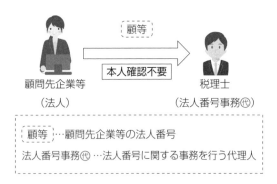

から法人番号の提供を受けても、特段対応すべきことはありません（第1章 **Q13** 参照）。

なお、法人番号を源泉徴収票、支払調書、申告書等に記載するに当たっては、当然のことながら、正しい法人番号を記載する必要があることから、実務上の対応として、その提供を受けた法人番号が正しいかを国税庁が開設している法人番号公表サイト（http://www.houjin-bangou.nta.go.jp/）を利用して確認することが望ましいと考えられます。

❷ 顧問先企業等が個人事業者の場合

顧問先企業等が個人事業者の場合、その従業員等の源泉徴収票、支払先の支払調書等には、顧問先企業等の個人番号を記載することとなります。

本章 **Q7**（事例1）と同様に、顧問先企業等（個人事業者）から税理士への個人番号の提供は、「本人（個人事業者）から代理人（税理士）への個人番号の提供」に該当することとなります。

したがって、税理士が、顧問先企業等（個人事業者）から個人番号の提供を受けても、本人確認を行う必要はありません。

3 税理士から税務署への提供

1 従業員等・支払先の個人番号の提供

　税理士は、顧問先企業等の従業員等・支払先の個人番号を源泉徴収票、支払調書等に記載して税務署に提出することになりますが、税理士から税務署への従業員等・支払先の個人番号の提供は、「個人番号関係事務実施者（税理士）から個人番号利用事務実施者（税務署）への個人番号の提供」に該当することとなります。

　したがって、税務署（個人番号利用事務実施者）は、従業員等・支払先に対して本人確認を行うことはありませんので、税理士は、税務署から従業員等・支払先の本人確認書類の提示又は提出を求められることはありません。

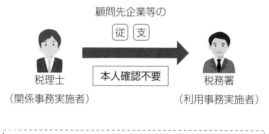

2 顧問先企業等の番号の提供

❶ 顧問先企業等が法人の場合

　上記2②❶と同様に、法人番号の提供を受けても、番号法の本人確認は必要ありません。

　したがって、税務署（個人番号利用事務実施者）は、税理士（代理人）から顧問先企業等（法人）の法人番号の提供を受けても、本

人確認を行わないことから、税理士は特段対応すべきことはありません。

❷ 顧問先企業等が個人事業者の場合

本章 **Q7**（事例1）と同様に、税理士から税務署への顧問先企業等（個人事業者）の個人番号の提供は、「代理人（税理士）から個人番号利用事務実施者（税務署）への個人番号の提供」に該当することとなります。

したがって、税務署（個人番号利用事務実施者）は、税理士（代理人）に対して本人確認を行うこととなることから、税理士は、その本人確認に対応する必要があります。

【Summary】

顧問先企業等が法人の場合

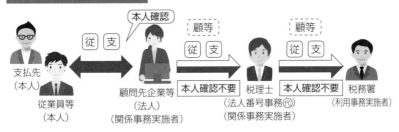

顧問先企業等が個人事業者の場合

顧等…顧問先企業等の法人番号　　従…従業員等の個人番号
顧等…顧問先企業等の個人番号
法人番号事務代…法人番号に関する事務を行う代理人
支…支払先の個人番号　　関係事務実施者…個人番号関係事務実施者
本人事務代…本人事務を行う代理人　　利用事務実施者…個人番号利用事務実施者

【執筆者紹介】

●第1章、第3章 執筆担当
鈴木　涼介（すずき　りょうすけ）
　　発行日現在、個人情報保護委員会事務局総務課上席政策調査員
　　税理士（平成18年税理士登録、平成26年鈴木涼介税理士事務所開設）
　　日本税法学会会員

●第2章 執筆担当
福田　あづさ（ふくだ　あづさ）
　　発行日現在、国税庁査察課課長補佐
　　平成9年入庁、高山税務署長、東京国税局個人課税課長などを歴任し現職

田中　健二（たなか　けんじ）　　　　国税庁法人課税課課長補佐
間瀬　利雄（ませ　としお）　　　　　国税庁個人課税課課長補佐
石田　克隆（いしだ　よしたか）　　　国税庁個人課税課係長
砂子　俊介（すなこ　しゅんすけ）　　国税庁法人課税課実査官

事業者・税理士の疑問を解決！ Q&A マイナンバーの本人確認

2016年11月4日　発行

著　者	鈴木　涼介／福田　あづさ　Ⓒ
発行者	小泉　定裕
発行所	株式会社 清文社　東京都千代田区内神田１－６－６（MIFビル） 〒101-0047　電話03(6273)7946　FAX03(3518)0299 大阪市北区天神橋２丁目北２－６（大和南森町ビル） 〒530-0041　電話06(6135)4050　FAX06(6135)4059 URL http://www.skattsei.co.jp/

印刷：奥村印刷㈱

■著作権法により無断写複製は禁止されています。落丁本・乱丁本はお取り替えします。
■本書の内容に関するお問い合わせは編集部までFAX(03-3518-8864)でお願いします。

ISBN978-4-433-63206-9